海南大学“金课”建设项目（hdjk2020108）成果

商务谈判理论及商务英语谈判课程设计

刘素君　宁　霞　李润珍　著

吉林出版集团股份有限公司
全国百佳图书出版单位

图书在版编目（CIP）数据

商务谈判理论及商务英语谈判课程设计 / 刘素君，宁霞，李润珍著. -- 长春：吉林出版集团股份有限公司，2021.7

ISBN 978-7-5731-0046-7

Ⅰ. ①商… Ⅱ. ①刘… ②宁… ③李… Ⅲ. ①商务谈判－英语－课程设计 Ⅳ. ①F715.4

中国版本图书馆CIP数据核字（2021）第146254号

SHANGWU TANPAN LILUN JI SHANGWU YINGYU TANPAN KECHENG SHEJI

商务谈判理论及商务英语谈判课程设计

著　　者　刘素君　宁　霞　李润珍
责任编辑　冯　雪
装帧设计　马静静

出　　版　吉林出版集团股份有限公司
发　　行　吉林出版集团社科图书有限公司
地　　址　吉林省长春市南关区福祉大路5788号　邮编：130118
印　　刷　北京亚吉飞数码科技有限公司
电　　话　0431-81629712（总编办）　0431-81629729（营销中心）
抖 音 号　吉林出版集团社科图书有限公司 37009026326

开　　本　710 mm × 1000 mm　1 / 16
印　　张　12.5
字　　数　210 千字
插　　图　14 幅
版　　次　2022 年 4 月第 1 版
印　　次　2022 年 4 月第 1 次印刷

书　　号　ISBN 978-7-5731-0046-7
定　　价　78.00 元

如有印装质量问题，请与市场营销中心联系调换。0431-81629729

前　言

商务英语专业试办于2007年，于2012年被正式列入教育部基本专业目录（专业代码050262）。截至2019年，全国已有393所高校开设商务英语本科专业，7所高校获得教育部批准建设商务英语国家级一流本科专业，9所高校获批建设商务英语省级一流本科专业，商务英语专业从创设之初的规模发展开始转向质量发展。为加强本科专业建设和人才培养，近年来国家出台了一系列政策文件。2018年，教育部颁布《外国语言文学类教学质量国家标准》（以下简称《国标》）；2019年，教育部发布《关于实施一流本科专业建设"双万计划"的通知》，计划建设一万个左右的国家级一流本科专业点和一万个左右省级一流本科专业点。据统计，在国家级一流本科专业点中，外国语言文学类拟建设数量共609个，位居第二，彰显了国家对外语本科专业建设和发展的高度重视。以上一系列指示精神对商务英语人才培养质量和教育教学改革提出了明确要求。教育部高教司司长吴岩指出，中国大学不仅要创建"金专"（金牌专业），即"一流专业"，还要打造"金课"（金牌课程），即"一流课程"。

"一流课程"需要一流的教材，《商务英语谈判》是商务英语的一门专业核心课程，也是一门理论与实践紧密结合的课程，需要一本既可以运用于理论教学，又可以指导实践教学的材料。《商务谈判理论及商务英语谈判课程设计》由理论篇和实践篇构成，全书涵盖：商务谈判的概念与特征，商务谈判的目的与原则，商务谈判的十大类型，商务谈判的策略，商务谈判的语言技巧，商务谈判礼仪，商务谈判课程定位，商务谈判课程目标，项目管理任务驱动式教学，商务谈判教材的建设和评价，商务谈判课程教学设计，商务谈判课堂设计范例等。本书具有系统性、规范性和前沿性，符合"六性"标准，即课程思政性、知识复合性、能力导向性、思辨创新性、实践实物性、人文通识性。该书的亮点在于其教学设计、理论教学设计和实践教学设计都体现了“六性”导向。

本书作者李洋负责一、二章，刘素君负责三、四、九章，宁霞负责六至八章，李润珍负责五、十、十一章。由于编者水平有限，书中不妥之处在所难免，敬请广大读者批评指正。

编　者

2021 年 5 月

目　录

理论篇

实践篇

理论篇

第一章　商务谈判的概念与特征

在当今这个日新月异并高速发展的时代，全球化已经极大程度地渗透到了各个国家的政治、经济、社会和文化的各个方面，并且时时刻刻都在不停地影响并改变着我们的生活。与人们及世界不断向前发展的大趋势相比，世界上的资源相对有限，而文化的多样性必然导致来自不同国家及地区的人们在交流与合作的过程中会产生误解和矛盾，在这样的情况下，谈判应运而生。尤其是在现在这个由全球化主导多方面的时期，谈判的作用更显得至关重要。无论是某个国家需要获得优质的稀缺自然资源来发展本国经济，还是通过国际平台增强国际资本以便在世界经济与贸易的舞台上占有一席之地，或是寻求有效解决国际争端的方法，谈判都是极为重要并且不可或缺的选择。

经济发展对于任何一个国家都是发展的“命脉”，随着“亚投行”以及“一带一路倡议”的广泛影响，我国与世界其他各国的联系更加紧密，除了政治和文化方面的合作以外，经济与贸易联系更是其中至关重要的一环。在错综复杂的新环境下，商务谈判更是被赋予了崭新的使命——构建国家之间经济贸易活动的桥梁。

第一节　什么是商务谈判

广义来说，谈判指的是为了消除冲突、增进关系以满足对方的需求，通过交换意见来达成协议的行为和过程。尽管在现实世界，谈判的类型和开展途径多种多样，但是谈判的特征却是不变的。

（1）任何谈判都至少需要两方参与。无论是国家之间的正式外交谈判，还是家庭成员之间的非正式事务谈判，参与人数可能多到数不胜数，但是绝对不会少于两人。

（2）谈判的目的必须明确。与日常随意开展的谈话或聊天不同，任何类型的谈判始终围绕一个中心展开，即满足谈判的目的：说服对方接受本方的观点，并最终达到双赢。在这个最高宗旨下，任何不满足最终目的的谈判都是毫无意义的。

（3）谈判必须建立在人人平等的基础上进行。无论是哪一种类型的谈判，参与谈判的任何一方均是平等且独立的个体。在现实生活中，或许会存在某一方在某一方面或是综合方面实力偏强，但这都不能够成为这一方在谈判过程中趾高气扬的原因。真正有效的谈判必须建立在双方或是多方互相尊重彼此且地位平等的基础上，任何方面的劣势都不能成为其中一方被低看或是被贬低的理由。

（4）共识必须建立在互相让步的条件下。在真实的谈判过程中，谈判双方或多方利益增加或减少的程度完全一致的情况少之又少，然而，如果其中一方获得了彻底的胜利是因为对方完全输掉了利益，那么这样的谈判是不真诚的。真正有效的谈判应该是参与谈判的双方或多方都或多或少地获得了利益，而不是一方落得满盘皆输。

（5）谈判的过程应该包括观点交换、互相交流、说服、妥协等步骤。在现实谈判的活动中，源于谈判的具体明确含义，谈判从来都不是一蹴而就的简单过程。谈判是一个需要运用策略的活动，在复杂多变的真实环境下，要想达到令人满意的最终结果，谈判双方或多方需要运用不同的思路和方法，并且通常需要遵循一系列的步骤，如意见交换、互相交流、说服彼此并做出相应程度的妥协来最终完成谈判。

第二节　商务谈判的基本要素

一、商务谈判的定义及特征

商务谈判是商务活动的参与者为了达成交易或达成一个拟议的财务目标而进行沟通、讨论和调整意见，解决分歧，最终达成双方都能接受的协议的过程。商务谈判本身也是谈判的一种具体形式，它既有普通谈判类型的特点，也有一些引人注目的特征。源于其显著的功能，商务谈判被广泛应用于现代社会金融和贸易交易的各个方面。换句话说，商务谈判和人们的生活息息相关，无论是科技创新、资本引入、劳动力输入和输出、信息发展，还是细微到普通民众平日生活所覆盖的各种购买行动，商务谈判都在时时刻刻发挥着它的作用并且其结果也在深刻影响着国内和国际市场的走向和发展。

商务谈判同样是一门应用科学，也需要谈判者高瞻远瞩，具备较好的专业素养以及熟练掌握谈判技巧。除此之外，谈判者还需要掌握相应的跨文化知识，通常需要对对方的综合背景（如国别、地域、民族、风俗、宗教等）进行调查并研究，正如俗话说："知己知彼，百战百胜。"不同的谈判者在面对同一个案子时采取的完全不同的谈判方法必然会造成截然不同的结果。

详细地说，商务谈判具有以下特点。

（1）商务谈判的最终目标是获得经济利益。和其他类型的谈判不同，商务谈判的最终目的只有一个：获得令人满意的经济利益。在商务谈判的过程中，谈判者关心的只有所投入的时间和精力成本，以及最终能否以令人满意的经济利益作为回报。反之，不涉及经济利益的商务谈判是毫无意义的。

（2）商务谈判的核心环节是价格谈判。既然商务谈判的最终目的是获得让人满意的经济利益，那么应该用什么样的指标去衡量某次谈判是否取得了这样的良好结果呢？答案是唯一的，即谈判中谈判者最终制定的价格。当然，围绕着货物或服务的价格本身的商品质量、数量、运输方式和支付方式，都是谈判过程中我们需要仔细考量的环节。举个例子来说，单独购买一辆汽车所提供的单价与批发购买这款汽车的单价肯定是不一样的，这是由于购买商品的数量不同造成的；类似的，为什么航空物流通常情况下会比汽车及火车运输费用高？很显然，这也是因为航空物流本身依赖于航空技术，与汽车及火车来说费用自然而然就会增加，但同时，物流中转及到达时间一定会极大缩减。因此，在真实的商务谈判的过程中，睿智的谈判者应该根据自身需求，运用谈判技巧，努力调整并最终获得最有利于自我的优惠价格，这样的谈判才是富有成效的。

（3）商务谈判的原则是平等和相互获利。任何类型的谈判都应该秉承平等和互相尊重的原则，商务谈判也如此。只有谈判的双方或是多方平等且互相尊重，才有相互获利的可能。尽管在商务谈判中，谈判者会围绕价格和利益而斗智斗勇，但是绝对不能以一方轻视或贬低另一方为借口来达成目标。

（4）商务谈判合同里的款项必须要严格且正确的执行。当谈判参与者签订了彼此认定的商务合同时，商务谈判的目的便达成了。合同里的每一条款项都是在所有谈判参与者的见证下制定的，它不是冷冰冰的书面文字和数字，更象征着谈判完成的成果和谈判所有者应该承担的具体义务和职责。换句话说，商务谈判签订的合同里的所有条约都是具有法律效力的，任何人必须严格执行，不能肆意修改或敷衍。只有在严格并准确执行商务合同的前提下，自身的利益才不会被欺骗或是侵犯，同样，商务谈判的价值才会真正得以体现。

二、国际商务谈判的定义和特征

国际商务谈判指的是不同国家或地区的利益集团之间进行的商务谈判。它是对外贸易和其他经济交流中经常发生的重要活动，是利益集团或个人共同协商达成协议或解决利益冲突问题的重要途径和方法。

整体而言，国际商务谈判拥有一般类型的商务谈判的特征，而且它还被赋予了一些与众不同的特点，这与它的国际性地域拓展有关。

（1）语言限制。国际商务谈判和普通的商务谈判不同，其地域从国内延伸至国外，适用于不同国家或地区的利益集团就某一商业事务进行商议。同时，也正是因为在国际的大环境下，此类商务谈判面临的首要问题即是谈判者使用的不同语言所带来的干扰。通常情况下，谈判参与双方或多方都会使用同一种语言来进行谈判，像英语、法语或是西班牙语。同样的，我们身处于这个日新月异、高速发展的商业时代，精通多语言能力的人会受到格外推崇与欢迎，这也给我们的高等教育人才培养提出了更加明确的指示和建议。

（2）文化差异。鉴于谈判参与者来自于完全不同的国别或区域，国际商务谈判必然会受到文化差异的影响。尽管不同的文化对于谈判的直接影响似乎不比语言差异的强烈直接，但是文化对于人的影响是根深蒂固且潜移默化的，它时时刻刻影响着人的思维、交流和行为模式；而且文化的影响总是在不经意间得以体现，要想在国际商务谈判中站稳脚跟并成为胜者,就必须对对方的文化背景进行细致深入的了解。

我们可以从下面这个案例中了解一些文化对于国际商务谈判的重要影响:王先生是一家大型国际贸易公司的经理。他和韩女士(他的秘书)为了商讨出口的机械设备而出发去了伊朗。当他们一到达伊朗,就立即在当天下午拜访了当地的商业伙伴。因为伊朗当地的商业伙伴当时正在进行祈祷仪式,所以让王先生和他的秘书稍作等待。然而,王先生却随即表达了不满,认为伊朗的谈判伙伴浪费了自己宝贵的时间。

随后,伊朗谈判方给王先生一行人举办了热情的欢迎仪式。韩女士的本意是想在正式谈判中给对方留下一个聪慧、美丽和干练的形象,因此她选择穿上了无袖的紧身衣和蓝色短裙,可是当她以这身自我满意的装扮露相时,伊朗谈判方却露出了惊讶不已的表情。之后,伊朗谈判方的工作人员为了表达对远道而来的中国宾客的感激和欢迎,给王先生一行人提供了饮料,但是韩女士却习惯性地伸出了左手接住了饮料,伊朗谈判方一看到她的这个举动,就拉长了脸,面露不悦。王女士见状深感奇怪,她一直不知道自己做错了什么,这场商务谈判进行得十分不顺利,尽管伊朗一方似乎已经很努力在配合中方了。

在这个案例中,韩女士和王先生或许根本想不明白,自己已经远赴伊朗,表示出了巨大且真心的诚意寻求与对方的合作,并且也尽全力对商品的价格、运输等问题进行了细致的讨论和商议,此次商务谈判的所有环节似乎都很完美,那么究竟是什么原因导致了谈判的失败呢?其实,答案很简单,真正导致谈判失败的罪魁祸首就是王先生和秘书韩女士对于伊朗文化和宗教的不理解,进而让伊朗一方觉得自己在谈判中没有受到应有的尊重。更为严重的是,伊朗是一个深受穆斯林文化影响的国家,而无论是王先生在其祈祷时表现出的不屑与愤怒,还是韩女士对于面见穆斯林时穿着的随意,都一次次刺痛着伊朗谈判方的心,让他们觉得自己受到了极大的侮辱。在这样的情况下,谈判当然只能戛然而止了。

这个案例绝对不会是个案,它时刻提醒着我们:文商如同智商和情商一样重要。所谓的文商,指的就是文化智商或文化商数,主要表现为一个人对文化的理解和适应能力;文商意味着熟练掌握并灵活理解一种文化,通过个人持续不断地与这种文化的互动,更加深入地了解这种文化,逐渐地使人的思维变得更加支持这种文化,在与这种文化中的其他人交往时,使自己的行为更加熟练和恰当。只有具备较高的文化智商,国际商务谈判者才能在谈判实战中更加清晰有效地表达自己的意见,才能在谈判中立于不败之地。

(3)国际法律和国内法律都有效应。国际商务谈判最终的结果即谈判双方或多方签订合约,并在跨国范围传递商品和物资,这项商业行为不仅仅受限于国内法律,同样也应遵守国际法律和条约。无论是国内法律还是国际法律,一方面保证了国际商务活动中所有参与者的合法权益不受侵犯,另一方面也保证了国际商务谈判一旦出现问题时,能够依法依据合理有效地解决问题,减少不必要的纷争。 这也对我们的国际商务谈判者提出了更高的要求,只有熟悉并能熟练运用相关法律的人才,才是跨境商务谈判迫切需要的。

(4)国际政治因素也应当考虑。源于国际商务谈判的国别和地域差异性及广阔性,谈判所有者都必须考虑所涉及国家和地区当下的政治态势,并且不应低估国际政治对商务谈判的重要影响。试想如果一家外国企业向你的公司发出了矿产资源开发的合作邀请,但是资源开采的地点正好是几国有着外交领土纷争的地区,这时不能为了获得经济利益而丝毫不考虑这错综复杂的国际政治问题,因为一旦处理不好,必然会带来致命的纷争甚至是伤害。因此,在开展国际商务谈判时,时刻变化着的国际政治因素必须被慎重考虑。

(5)国际市场所需的费用等基础成本比国内市场的昂贵。从上面提到的多种因素我们可以看出,国际商务谈判覆盖了语言、文化、宗教、法律、政治等因素,也正是因为这样的多样性,国际商务谈判所需要的总体成本势必会比普通的商务谈判多,同样也让人更加难以运作。类似的,国际商务谈判中花费的旅行费用、会议和娱乐支出等也会更多。试想,如果你要到美国就公司产品的出口问题进行谈判,那么你必须要乘坐国际航班前往美国,等到了国外后,你又需要多次拜访对方就市场满意度等问题进行多次协商,并且通常还会有频繁的实地测量与考察,而这些都是需要时间和资金投入的。

综上所述,国际商务谈判是一个融合了多种因素的综合事物,在真实的国际商务谈判过程中,要想取得成功,就必须通盘考虑种种环节,要总是带着谨慎和细心的态度去看待和解决问题,任何一个细微的因素都不能忽视。

第三节　商务谈判的基本类型

国际商务谈判包含诸多因素，十分复杂也很宽泛，可以被分为以下几种类型。

一、由主要 / 主领谈判者区分

（一）不同政府主体之间的谈判

不同国家或地区的政府之间的商务谈判非常普遍，双方可以就货品和服务的贸易、经济和技术的合作、大规模的设施建设、外国资本的引进和传递、自然或人力资源的共享等项目进行磋商。此类型的商务谈判既普遍又十分必须，因为它涉及并融入了人民生活的各个方面，对于一个国家的社会发展和民生经济来说至关重要，不可或缺。不同政府主体之间的谈判主要由国家商务部和相关部门负责安排，并且由于涉及国家利益的重要性，因此通常都是由政府层面的最高领导拍板做决定。举例来说，中美纺织业纺织品谈判、中俄油管运输谈判都属于这种类型的商务谈判。

当然，这种类型的谈判还包括某国与诸如国际贸易组织的国际机构的商务谈判，比如中国加入世界贸易组织谈判和中国与东盟 10+1 自由贸易区谈判；还包括两国政府主导的友好城市交流合作项目，比如中国的上海市和美国的纽约市是一对友好姐妹城市，两国政府多次就上海 – 纽约贸易博览会、博物馆展示等活动进行商讨。尽管这些由不同政府主体之间主导的商务谈判大多和经济需求有关，但是仍有许多谈判旨在促进和推动文化和教育等事业的发展。

（二）政府和商业机构之间的谈判

与上面由不同政府之间主导的谈判类似，政府和商业机构之间开展的商务谈判也在当今时代十分普遍。假想一个国家想要引进一批先进的机械设备借此来发展本国的工业，但是在本国却很难找到合适的工业企业或科技机构来代理打点这个棘手的问题,这时只能靠政府部门出手来解决问题了。政府部门通常会邀请业界权威或专家来构建专业的谈判团,这样能够极大地增加谈判成功的胜算。与传统的两国政府之间的商务谈判相同,政府与商业机构之间的商务谈判虽然存在谈判主体的差异,但是彼此之间的地位和功能是绝对相同和平等的。在这种类型的谈判下,理想的结果即为某国和他国的商业机构之间签订了合同,他国的商业机构按照规定和要求向某国政府提供相应的技术和服务,而对方政府则向该商业机构直接支付酬金。这种类型的谈判在现代社会其实已经十分普遍,若究其内部原因,我们便不难发现这是源于市场经济内部发展的需要,刺激了多种类型的供求主题,也让多种类型的谈判方式应运而生,也再次证明了商务谈判在当今社会的极大重要性。

(三)由生产商主导的谈判

顾名思义,此类型的谈判往往发生在一个国家的成品或半成品制造商和其他国家的零部件和配件生产商之间。这类谈判涉及的可能是不同国家之间负责某一具体项目的几家公司,也有可能是大型跨国集团的合并商。制成品制造商往往处于较强的主导地位,在零部件采购中拥有最终的话语权,而供应商在谈判中往往处于较被动的地位,但是实际跨境交易中,双方的地位仍然是平等的,依旧符合商务谈判的一贯法则。法国、德国、意大利等欧洲国家合作生产空中客车就是一个典型的例子;或者使用专利为不同的市场生产相同的产品,例如福特汽车集团(Ford Automobile Group),它在美国生产受欢迎的福克斯(FOCUS)轿车,并在南美的巴西、欧洲的德国和亚洲的中国建立了合资企业,生产同一车型的汽车。由生产商主导的谈判下产生的合作制造模式既能够充分调动各方有利资源,最大有效化地生产出最优质的产品,使参与多方都能获利,也能够让某一专利通过跨境合作的方式让多方谈判者均尝到甜头,让优质资源分配达到最优化。

(四)生产商与交易者之间的谈判

鉴于国际贸易市场的人力成本日益昂贵,越来越多的制造商只能专注于货物生产本身,而无暇顾及销售等后续细节。同时,制造商也受限于语言、法律条文和专业销售技能等外部因素,无力开展国外进货以及销售环节,因此作为中间使者的进出口公司或是中间交易商便成为最好的帮手。

制造者只需要全神贯注研究发展产品,提高产品的质量和市场竞争力,而具有丰富市场经验的进出口公司或中间交易商运用自身优势向制造商提供更加满意的原材料、零件,也推动商品更强有力地走向国际市场。在这样的市场环境下,每一部门都各司其职,充分发挥自己的功能。

(五)零售商和制造商之间的谈判

这种类型的谈判通常发生在零售巨头就产品的购买、销售、中间商机构、合资企业等具体环节问题同外国制造公司进行磋商时。通常情况下,国际零售巨头因为大规模的市场占有率以及较为成熟发展的营运模式而往往在商务谈判中具有更多的绝对权。在当今这个跨境电商迅猛发展的时代,国际零售巨头利用便捷的市场环境和广阔的顾客群与全球的供货商、制作商进行商务谈判,以此来争取更加质优价廉的货品。就拿国内市场来说,两大中国家电巨头——国美和苏宁,采取的就是直接与外国供货商谈判的方式来获取物品。

(六)不同企业之间的谈判

这个类型的谈判泛指诸如进口商与出口商、批发商与零售商等不同企业之间的商务谈判。总体来说,此类谈判的目的也遵循一般商务谈判的特点,即谈判的双方都是为了获取经济利益而就某一具体细节进行磋商。

(七)企业与顾客之间的谈判

此类型的谈判的双方分别为某国的制造商或者交易公司,另一方为别国的消费者。一般而言,企业与顾客之间谈判的主要内容便是围绕产品的质量、产品的具体使用方法以及产品的售后问题等展开。这种直接由顾客和企业之间进行的谈判行为有一个非常经典的案例:2006 年,柯达公司由于出售了一批低配的照相机而遭受到了约 500 名中国消费者的投诉,这些消费者强烈要求柯达集团对此事件进行赔偿。在很大的概率下,消费者往往因为是孤军奋战,所以当他们和大企业就某一产品或服务纠纷进行谈判时,通常处于谈判的劣势,源于缺乏强大的后台和人力支撑，消费者无法高效地表达自我的诉求，更无法在有效期内得到令人满意的回复或是补偿。当然，现在有越来越多的消费者通过借助媒体的力量来公开发表自己的不满，也希望获得更多的关注和帮助，而这些事件都给企业带来了深刻的提示，也告诫着企业应该具备专业的谈判团队和方法来解决这些类似的问题。

二、由谈判对象区分的谈判

（一）产品贸易谈判

简而言之，产品贸易谈判实则指的是实际商品谈判，即人们可以实实在在接触到的商品贸易谈判。来自不同国家的出口商和进口商就彼此进行交易的商品的价格、质量、数量、运输方式、保险问题等一一进行多次商讨，并且此类型的谈判在国际商务谈判里始终占有很大的比重。

（二）科技贸易谈判

与上面论述的产品贸易谈判相比，科技贸易谈判似乎不是那么“物质化”，它指的是不同国家的技术转让方和受让方对一项技术或一套设备的特性、价格、支付条件等进行讨论的过程。当然，科技贸易在这可以指科技设备这类的具体事物，也可以指科技专利这样的高端事物，并且总体来说，科技贸易谈判的流程相对要比一般的产品贸易更加烦琐，因为涉及的专业性较强，所以往往需要聘请专家作为谈判团队的重要一员，以便在谈判中清晰地表达谈判意愿。

（三）服务贸易谈判

国际服务贸易谈判指的是跨境服务的转让和授予，与科技贸易谈判相似，服务贸易谈判一般也不会以实物的方式来呈现。总体来说，服务贸易包括的内容较为宽泛，旅游、保险业务、医疗、运动、设计、法律文件、资讯、财务、跨境运输、国际交流等均属于这一范畴。由于呈现方式的多样化，服务贸易或多或少都比其他类型的谈判方式更花时间和精力，要考虑的条款也更加细致。

（四）国际项目谈判

顾名思义，国际项目谈判指的是来自不同国家的政府或是企业就合作的合资企业项目进行谈判。此种类型的谈判覆盖众多环节——比如合资企业的联营、招标、投标、租赁、承包、拍卖、经营等活动。近些年来，凭借“一带一路”倡议和东盟的积极影响，中国和世界上的许多国家均签订了多种多样的国际项目，比如上海大众汽车集团和美国通用汽车公司就在中国生产几种新型别克车型开展了好几轮的商业谈判。

由于此类项目由两国主导，涉及主体的非单一性，因此在谈判过程中谈判双方需要根据车辆的生产细节、授权问题、跨境法律问题等一一讨论，时间和人力投入的支出之大是其他类型的谈判无法比拟的。但是另一方面，越来越多的国际项目谈判也揭示着国际合作和交流是世界前进的总体趋势，这样的合作模式也必将会带来双赢的局面。

三、由形式区分的谈判

（一）一对一的谈判

简单来说，一对一的谈判指的就是谈判双方都只有一名谈判者进行面对面的谈判。这种类型的谈判通常是非正式的，当然谈判者双方都做好了十足的准备，也可以用同一种语言或者是外语进行沟通交流，谈判的最终结果也是明确清晰的。

（二）团队谈判

顾名思义，与一对一的谈判恰恰相反，团队谈判指的就是谈判双方均是由组织好的一组谈判人员作为代表来开展谈判的。相比一对一的谈判来说，团队谈判更正式些，并且从人员的构建安排来看，团队谈判胜在人员配备的合理及优质。在应对专业问题时，团队中的专业人员分别负责不同的环节，在团队领导的指挥下，采取不同的谈判策略应对各种情况和危机，总体来说，团队谈判的胜算更大。当然，团队谈判在人力及交通等资金投入方面比一对一的谈判肯定要多，也会出现因为个别团员的失误让整个谈判陷入僵局的可能。

（三）多边 / 多国参与的谈判

此种类型的谈判又名曰“多角度”的谈判，指的是在商务谈判中谈判者代表的是来自不同国家的三方或者更多的利益集团。源于谈判者代表的并非单一独立个体，因此这种类型的谈判往往需要耗费更多的投入和关注，针对各方的要求和利益需要谨慎考虑，可谓牵一发而动全身。

四、由程序区分的谈判

（一）平行结构的谈判

假想两家公司就进出口商品的问题进行商务谈判，但双方在谈判伊始就对某一个问题而始终持有不同观点，无法在短期内达成一致。尽管谈判需要时间投入，但是僵持在某一问题的状况仍然是不可取的。因此这两家公司决定先搁置这个难题，转向讨论其他的细节，待到其他环节顺利结束后再讨论这个问题。这种按照具体现实情况灵活调整顺序的谈判即为平行结构的谈判。我们可以从这个案例中得出，商务谈判并不需要严格遵守所谓的固定顺序，因为在现实环境中，一切都是在变化的，而且时间就是金钱，我们要学会灵活思考，变通性地解决问题。

（二）垂直结构的谈判

顾名思义，垂直结构的谈判恰恰是平行结构的谈判的对立面，即在谈判过程中严格遵守固定的顺序进行谈判，其最显著的特征就是当你没有解决好前面的问题时，就不能跳跃式地进入下一个问题的讨论。

如果我们拿之前的案例来解释，采取的是垂直结构的谈判，那么我们就不能搁置不同的意见，即使耗费再多的时间和精力，也必须坚持把问题解决完才可以继续进行后续的谈判，诚然，这样的谈判方式会让谈判者双方有逻辑地解决问题，但是很有可能严重阻碍整场谈判。

除了上述几种主要类型的谈判方式以外，国际商务谈判还有以下几种类型：“主场”谈判和“客场”谈判；口头谈判和书面谈判；正式谈判和非正式谈判。

口头 / 书面谈判以及正式 / 非正式谈判很容易理解，而“主场”谈判和“客场”谈判是根据谈判地点来区分的，简而言之，如果谈判的地点正好是位于谈判者的基地或者主场，那么就属于“主场”谈判；“客场”谈判是“主场”谈判的相反面，指的是谈判的地点位于对方的基地。此外，还有变化的场地谈判，意思指的是国际商务谈判通常会轮流在主场和客场举行，原因有两点：

其一，在两个场地轮流举行可以平衡国际商务谈判所需花费的高昂资金和路途开销。

其二，在两个场地轮流举行可以让谈判者体验双方的文化，更好地提高彼此对于互相的理解，对谈判的进程和结果均有着积极的促进作用。

最后根据谈判地点来命名的谈判是“第三方地区谈判”，所谓的第三方地区指的是举行谈判的地点不是谈判者的主场或是客场，而是一个“中立”国家或地区，并且只有当谈判的双方有严重的分歧时，才会选择第三方作为谈判地点，因为无论哪一方都不想在对方面前表露出自己的弱势，也不希望在自己不熟悉的地区吃亏，所以第三方作为中立地点是一个绝佳的选择。

第二章　商务谈判的目的与原则

第一节　商务谈判的目的

商务谈判是谈判参与者彼此交流、讨论，根据谈判实际调整自己的意见，逐步解决分歧并最终达成共识来签署商务合同和完成商务活动的行为。商务谈判涉及国家发展和人民生活的方方面面，无论是高端的推动社会发展的科技创新，还是人民日常生活里的柴米油盐，都离不开商务谈判的影响。总体来说，商务谈判的根本目的是谈判者能够收获令人满意的经济利益。

商务谈判是关于商业事务的谈判，具体是指两个或两个以上从事商务活动的组织和个人，为了满足自身经济利益的需要，对涉及各方切身利益的分歧进行沟通，谋求取得一致和达成协议的经济交往活动（张守刚，《商务沟通与谈判》）。世界上的谈判分很多种，根据谈判的目的不同类型也不一样。外交谈判商议的是国家之间的外交事务，涉及的是国家利益；军事谈判主要是就彼此关心的军事问题或争议进行讨论；而政治谈判是不同政见的党派就有差异的意见进行沟通交流，而商务谈判着眼于商业利益的获取。

除了经济利益的追求之外，商务谈判还有谋求合作以及寻求共识等目的。在现代社会中，无论是人与人之间还是企业与企业之间，除了自身本领和实力强势以外，不靠学习和合作是很难在市场上长期立足的。谈判者在商务谈判过程中通过不断的交流意见和商讨，逐步就某一问题达成共识，并最终取得双赢。事实上，谈判的所有参与者都在谈判中不断学习，不断完善自己，而且从根本上来说，商务谈判本身就是谈判双方在寻求商业合作的实践行为。试想倘若一家食品公司想要对外出口，除了自身口碑好之外，没有合适的宣传和推广是很难走出国门面向国际的，恰巧商务谈判为这家公司“走出去”提供了绝佳的机会，通过与有意向对外销售公司的交流，双方能够在产品的质量、包装、售后等问题上达成一致，并且这样友好互惠的合作关系可以维系许多年。尽管双方公司的根本出发点均是和商业利益有关，但是不可否认的是他们彼此都在谋求合作，因为只有这样的互相需要的模式才能让两家公司各取所需，并获得长久共存和发展。

换句话说，上述的食品公司和销售商也是在商务谈判中相互沟通，不断调整彼此的意见并最终在互惠互利的原则上达成共识，最终才能合作成功。

第二节 商务谈判的原则

在国际商务谈判的实践中，谈判双方要遵守的首要原则即是“平等和自愿参加”原则。谈判者无论代表的是实力强大还是稍微弱势些的企业，在谈判中都是一律平等的。这条原则不仅仅赋予了谈判者人人平等的权利，还代表着参与谈判的任何一方均可以自由选择谈判的款项和条约。诚然，也只有在自由和平等被真正给予和实行的背景下，商务谈判的根本目的才能真正得以体现。

不可避免的是，在真实的商务谈判的过程中，尽管有着“平等和自愿参加”这项最高宗旨的影响，但是现实情况下的确会出现实力强硬的公司在谈判中较多地夺得头筹，相对而言实力较弱的公司会做出较多让步和妥协，但是这种情况并未违背平等原则，相反恰恰体现了双方均在自己能力范围之内竭力通过谈判获得自身利益最大化的现状。商务谈判的根本目的是谈判所有参与者均能够收获令人满意的经济利益，但是针对不同的、有差异的商业个体，多数情况下很难出现“绝对平等”的理想状态，只能是“相对公平”。

具体来说，商务谈判应该遵循以下原则。

一、平等和自愿参加

（一）否决体现平等

在国际商务谈判中，绝对不能出现在未征求另一谈判方意见的前提下，仅仅谈判的其中一方做出了事关谈判结果的最终决定；也绝不允许出现少数无条件服从多数的情况。所有的参与者均有权利否决谈判过程中的任何条款，如果有任何一方不满意，谈判都不能最终达成。这些保障恰好体现了否决权的作用，正是这项否决权保证了所有的谈判方都是平等的。

（二）尊重体现平等

同样的，在国际商务谈判的过程中，所有的参与者无论能力和容量的大小，都应该谨慎地对待对方而不应该表露轻视。在市场经济的大背景下，要想永远获得市场的青睐，无论实力多么强大的公司都不能单打独斗，正如同人与人之间需要合作和互助一样，在弱肉强食的市场中，任何公司都需要寻求商业合作来赚取利益及稳固地位。试想总部位于美国的洛克希德或是波音公司，制造实力及其国际名誉早就声名远扬，但是难道它们就不需要对外拓展市场了吗？尽管对方的销售公司无论是规模还是实力都不能与波音公司相媲美，但是却对其开辟境外市场以及开展亚洲事务至关重要，因此在谈判桌上，任何的公司都不需要惧怕对方的强势，只需要铭记：谈判的所有参与方都是平等的。

（三）自愿协议体现平等

自愿协议指的是谈判的所有参与方都可以自愿参加谈判并且做出自己的决定。他们通过谈判追求自己的利益，并且不会因为外部的压力而改变自己的意愿。在谈判桌上，只有真正的互相尊重、共享平等，才能让所有的参与者毫无顾虑地表达自己的观点，交换意见，就不同立场进行磋商，并最终达成真正意义上的一致。如果没有遵循自愿原则，那么谈判中的某一方可能会因为对方的压力或是胁迫而被迫接受不公平条件，或者修改自己的款项，在这样的地位失衡的条件下，就算签署了商务协议,双方的商业关系也不会长久,而且很有可能会有后患之忧。

二、信誉第一

当代商业社会竞争激烈仿佛弱肉强食的丛林,许许多多的商界大亨凭借着敏锐的眼光和独到的视角在商场上找到了自己的位置并且屹立不倒,除了强硬的投资手腕外,诚实守信的品质也会影响一个企业家及其公司的声誉。李嘉诚,雄踞中国富豪榜第一许多年,年轻时靠卖塑料花发家,后期依靠房地产生意创立金融帝国。曾有媒体分析过,李嘉诚能够长期在如战场的商场上一直稳步向前,更多的是靠着他为人处世诚实可靠的品质。举个事例来说,李嘉诚曾经计划卖出他持有的香港电子集团的百分之十的股票,但是他的秘书建议他比计划好的时间晚些出售这些股票,因为根据市场的走向,晚些销售能赚更多的钱。从商人的立场出发,赚取更多的钱无可厚非。可是李嘉诚却执意按照预期宣布的时间出售股票,因为他认为这样才会给买家更多的利益,而且从长远的角度来说,对于公司日后继续发行股票也是大有裨益。李嘉诚的这种坚持告诉我们:赚钱是不易,可是更难的是一个人良好名声的保持。

李嘉诚的选择没有辜负他的诚信,越来越多的公司选择投资他的公司业务,不仅仅是看重他的领导能力,更重要的是相信他的名誉,投资者都相信只要跟着他走,就绝对不会亏钱。类似的,在商务谈判中,真诚守信都是赢得互相尊重和信任的基础。

(一)理解源于信誉和可信度

在国际商务谈判的实践中,诚实可信并不意味着谈判方把自我的谈判目标和计划向对方和盘托出,丝毫不予保留,也不是指为了故意讨好对方而有意泄露自我的计划。事实上,过早的展示自己反而会让对方误解和低估自己,而且还会让人怀疑你方的真实实力以及诚信度。我们可以回顾之前说过的关于美国波音公司和中方洽谈合作的例子,中方十分诚恳地表达了想要引进美国波音公司先进飞机制造技术的愿望,但是中方也表示不会因为谈判不顺而中间倒戈并转向其他世界大型的飞机制造商,或者联合其他飞机制造商来给波音公司施压。同样的,美国波音公司也十分诚恳地表达了与中方合作的意愿,但也说明了转让技术的实际难处。在这样的国际商务谈判中,双方各有立场,各有所需所求,相比起某些谈判方的故弄玄虚、机关算尽,中方和美方都选择真诚地把自己的想法和态度告诉对方,这样的行为反而能够真正快速有效地促进双方的谈判,并且还能有目的、有方向地解决分歧,实现更优质的合作。

我们不难看出,诚实守信不仅能够赢得对方的尊重和理解,还能在谈判中消除对方的疑虑,增加对方的信心,让谈判过程更加顺畅。

(二)了解对方的信誉水平

商务谈判应该遵循诚信原则,但这并不排除使用策略和技术。商务谈判双方互相能够真心尊重并信赖彼此固然最好,但是很多时候谈判的各个环节均是要靠策略和方法的。换句话说,谈判进程的前进与否很大程度上依靠于对方展现的态度和面貌,如果一方努力展示诚恳和可靠,但是另一方却做出相反的举动,或者是让人捉摸不透,那么这场谈判陷入僵局甚至是失败的可能性都很大。因此,我们建议在谈判正式开展之前,彼此最好能对对方的历来信誉水平进行调查研究,并且源于不同文化、风俗、宗教等对谈判者的言行举止的影响,谈判双方最好能提前对对方的文化背景研究透彻,以此避免不必要的尴尬和误解。

三、互惠互利

案例分析:某家体育用品公司和某著名排球俱乐部签订了一年两百万的合同。年底将至,本应按时付款的俱乐部却出现了资金短缺的困难,无法按合同上规定的时间按时给该体育用品公司付允诺的两百万酬金。

本来按照双方签订的商务合同上明确的条款,如果该排球俱乐部未按照规定时间支付酬金,作为提供产品和服务的体育用品公司是可以通过法律途径维护自己的合法权益的,一旦申诉对方违约,该排球俱乐部将会面临双倍赔款。那么这个争端是如何解决的呢?

该体育用品公司经过仔细的调查和考虑,发现这家排球俱乐部的确是陷入了短期的资金短缺的困境,但是俱乐部在外的名声和信誉一直都很好,而且俱乐部的高层负责人也多次表达出了对于对方的歉意以及努力想要弥补的诚意。于是这家体育用品公司决定用商务谈判而不是直接诉诸法律的方式来解决这个问题。

在两方的商务谈判中,经过双方的坦诚与互信,体育用品公司决定再给排球俱乐部额外的三个月时间来作为过渡期并用来筹集资金,但是俱乐部需要额外支付每月百分之十的利息作为补偿。最终双方就此新拟定的协议达成了共识。经过这件事件处理方式的变化,我们不难发现,其实体育用品公司采取的是一种“以退为进”“和气生财”的策略,如果该体育用品公司坚持依照法律条文处理此事,当然它肯定会在晚些时间收到两百万的酬金,但是或许它就失去了与这家著名排球俱乐部的未来的合作关系,而所谓的“老客户”恰恰是商业活动中最难能可贵的,因为它不仅仅会给你带来稳定的收入,还会为你招来新的顾客。因此这家体育用品公司采取了谈判的方式来处理这个问题,一方面尽管推迟了原有既定时间,也拿回了应该收取的酬金,而且还附加收获了补偿利息,经济收益上影响不大;另一方面这种柔和的做法笼络了人心,排球俱乐部会感恩体育用品公司在自己财务紧张时的宽限而非步步紧逼,日后也会继续与这家公司保持良好长久的买卖关系。整体来说,案例中的体育用品公司面对这件事时采取的正是“互惠互利”的方法,在让自己的利益不受损失的前提下,还给对方留足了面子和转机,最终获得了双赢的最佳结果。同样的,在国际商务谈判中,互惠互利也是目标。

(一)利益第一,地位第二

我们必须牢记:在国际商务谈判中,无论谈判涉及的规模和形式如何,各方谈判的最终目的始终是利益的达成。在寻求利益达成的过程中,谈判方应该灵活应变,而不是在一个状态里纠缠,在任何时候和任何国家的谈判中,关注利益而不是立场是一条黄金法则和宝贵的原则。

(二)禁忌:讨价还价

既然立场的背后是利益,那么为什么不采取立场,毫无疑问地捍卫它?答案是肯定的,国际商务谈判受到很多难以理解的不确定因素的影响。此外,获得利益也不是一厢情愿的。讨价还价将违反以下禁忌。

(1)违反平等谈判游戏原则。一味地讨价还价不仅不会维护自身的利益,忽视他方的权益,而且最终还会导致谈判一再陷入僵局,如此这般所有的谈判方的利益所需都实现不了。在以农业问题为焦点的世贸组织多哈回合谈判中,所有的参与方都固执己见,不愿意做出丝毫的让步和妥协,导致这个谈判持续了五年还依旧无果。这个案例正好完美反映了一味讨价还价、只关注自我而忽视他人利益,最终吃亏的还是自己的道理。

（2）有损和谐气氛。类似的，如果在谈判过程中，所有的谈判方都坚持自我观点而不愿根据现实情况做出调整改变，那么谈判现场的气氛势必会如战争般激烈，最终导致大家都不欢而散。

（3）引发后顾之忧。一味地讨价还价或许在某些情况下会让谈判双方达成一致并且签署合同，可是这种利益不平衡的情况会为其中强势的一方埋下祸根：在以后的合作中，谈判双方尤其是被迫签订合同的一方或许会多次以各种借口和理由违反合同，并且可能会让自认为得势的一方麻痹大意，而忽略了合同里的种种隐藏的陷阱。因此，如果一方坚持只维护自身的利益而忽略他方的利益，那么最终其自身受到损害的危机感只会越来越强。

四、共性最大化，差异最小化

我们可以研究以下这个案例：一家中国航空企业与一家著名德国航空公司就引进国际航空专利技术商谈。中方迫不及待地想要快速引进技术后便迅速设厂投入生产，可是在谈判前夕德方却犹豫不决，担心专利被转让使用得太早，其市场价值会大大缩水，因为原本的独享技术专利会让德方在国际市场成为一枝独秀，享受巨大的经济利益。于是，中德双方就此问题的商务谈判持续了好几轮，双方尤其是中方希望能够做出一个令彼此满意的方案，使共性最大化，差异最小化。最终，双方秉承着互信的态度达成了一致：双方就最尖端的专利转让的问题先搁置，取而代之的是德方转让另一种稍低于最尖端的专利，而且这项技术目前经过测试后证明发展得更加成熟，也更适用于中方市场。双方都很满意这个谈判结果，专利技术也很快在中方公司的生产线上运用开来。

这个案例向我们揭示了一个道理：在国际商务谈判中，当谈判双方面临意见分歧时，解决的首要宗旨是追求共性最大化，差异最小化，这样才能让双方都实现双赢和互惠互利，这才是最佳的解决方法。

（一）追求共同目标

正如上述案例，中德双方在谈判过程中都遵守了求同存异的方法，为了谈判的顺利进行，把关注点先放在彼此的共同利益上，毕竟共同利益才是最关键的谈判点，其他的分歧可以稍后解决，这样的做法对于谈判双方来说也是省时省力、互惠互利的最好选择。

（二）放弃细小的点

与追求共同目标的出发点相同，在国际商务谈判中，有时为了在大的利益或大的方面达成一致，我们需要放弃纠结于一些细微的，对于全局几乎没有影响的分歧点，只有这样，才能在有效的时间内成就大事。

（三）妥协是成功之母

在真实的商务谈判进程中，除了追求共同目标以外，适时做出妥协或让步也十分重要。当然，适时做出妥协或让步并不是意味着和盘托出一切，也不是指在谈判中违背自己的根本意愿全盘改变，而是指在谈判中要审时度势，当和谈判对象遭遇分歧时，彼此都要尽量替对方着想，因为只有这样谈判双方才会最终受惠于谈判结果。

五、有充分的理由说话

在商务谈判中，只有自身实力过硬，并且对于对方的谈判内容和细节均有较真实全面的了解和把握，做到胸有成竹和知己知彼，才能在谈判中把握住说话的主动权，抓住优势开展谈判。谈判成功的确需要精湛的话术和谈判技巧，但不是口才好就能谈得好，谈判中的各种细节都不能被低估和忽略。

例如，在国际商务谈判中，无论自身代表的公司实力有多强，或者是谈判者的个人谈判能力有多么突出，又或者是对方公司多么著名，谈判者若想获得谈判的成功，都需要如实地列出有关谈判内容的事实和数据来辅助说明，打消对方对于谈判细节真实与否的顾虑。

六、把人与问题分开

在现实的商务谈判环境中，矛盾的产生往往和人的诉求未能被满足有关，但是为了避免更多的后续问题和争议，我们在谈判的时候需要慎重地把人与谈判的问题本身分开。正如某些专家所言，谈判本身就是一个团队协同工作的过程，只有清醒地把谈判者从谈判进程中分离，才能产生最佳的谈判结果。

（一）谈判者和谈判之间的关系

在任何的商务谈判案例中，谈判者都是至关重要的组成部分。只要是人，都会受情感的控制和影响，也会被自我所在的文化价值观所深深影响，并且最终反馈到他的谈判行为中。我们可以假设有以下三种情况发生：

第一种：谈判可能进行的非常顺利。随着时间的流逝，谈判双方互相展示出积极的合作态度，并且谈判进展良好，从心理学的角度上来说，当谈判的参与双方都心情愉快时，绝大多数的谈判结果都是令人满意的。换句话说，令人愉悦的心情和心理状态对于正面的谈判结果来说是极具推动作用的，在这样的情况下，谈判参与者也会更加愿意设身处地地为对方着想，以便达到双赢的最佳局面。

第二种：谈判结果可能陷入了僵局。谈判参与者表现出的更多的不是积极沟通，而是被动、抱怨，甚至是指责。心理学上认为，争议往往会转变为个人之间的攻击以及对抗，这让人不禁反思个人情绪不佳给谈判带来的负面消极影响，甚至是直接造成了谈判的失败。

第三种：当一方担心另一方提出一项有意对其造成巨大伤害的要求时，可能会变得烦躁不安，大发雷霆，甚至以攻击性语言发动攻击，作为一种防御手段，同样地，这样的应对方式也会破坏谈判的结果。

事实上，以上三种谈判状态都夹杂着个人情感，并且谈判结果极容易被情绪所左右。究其内部原因，都是因为上述谈判者没能处理好在谈判中个人情感的关系。一旦把个人情感毫无保留、毫无节制地夹杂在谈判中，人的正常理性思维和判断力就会大打折扣，甚至会被个人不良情绪所误导，产生不可想象的严重后果。因此，我们建议在真实的商务谈判过程中，谈判者应该注意时刻控制自我情绪，并且努力保持积极开朗、包容性强的心态，这样在谈判过程中就能“大事化小，小事化无”了。除了用正面的方式解决争议和矛盾外，专家还建议谈判者应该努力营造一种和谐友好的谈判环境，这样就能更好地解决潜在的麻烦，并最终达到双方满意的谈判结果。

（二）把人与问题分开的具体方法

（1）从另一方的角度来思考问题。当谈判的一方尝试提出自我的计划和建议时，最好能够站在对方的角度上来思考这项提议的实效性，并且思量对方从自身真实角度接受此项建议的可能性。这样做不仅会有利于双方建立良好的谈判氛围，更加能够让提出倡议的原有一方通盘考虑，得出更加全面的谈判方案和解决对策，从而从源头上解决更多不必要的矛盾，引导双方达到成功的最终成果。

（2）提出更多客观的信息，避免责怪对方。每当在谈判中出现相互遣责或抱怨取代相互理解与合作时，这是极不理智的，因为这种行为毫无疑问是将人与问题本身混为一谈。遇到类似问题时，我们应该尽力展示事实，诉诸理性，寻求击破问题的方法而不是攻击他人。假如在谈判过程中，一方出于多种目的用言语挑衅了或是攻击了另一方，我们当然无法做到无动于衷，但是也应该时刻铭记：解决矛盾或争议的方法不是相互争吵或者谩骂，而是应该以理服人，用事实和数据证明自我的正确性，以此来打消对方的错误攻击行为。

（3）机智并巧妙地应对对方的情感爆发。在真实的谈判过程中，谈判者的情感爆发是自然现象，有时甚至会是激烈的情绪表露。但是谈判的另一方应该保持理智，仔细观察对方的过激行为究竟是真正的愤怒还是只是唬人。专家建议，如果一方因为某种原因愤怒且不能自控，而对方用冷静平和的方式应对时，发怒的一方就会慢慢冷静下来，并且觉得自我的行为是不合时宜且羞愧的。反之，如果让情绪过激的一方尝到了情绪爆发（如发怒）的“甜头”，那么这种不良行为就会如恶性循环般无法停止。

（4）帮助另一方保存脸面并且不在情感上伤害对方。在现实的国际商务谈判环境中，尽管一方清楚地知道自己的行为是错误的，但是出于多种缘由他仍然会固执地坚持自己的观点，其实这个根本上和“面子”问题紧密相关。在这样的背景下，另一方应该做到的是维护对方的自尊，避免使用任何激怒对方的言行举止。当一方努力地保护对方的自尊不受伤害和质疑时，对方固执的立场和态度会随着时间逐渐缓和，恢复理智，这样谈判的气氛也会变得融洽。专家还特别建议谈判的双方尤其是维护对方脸面的一方应该抓住这个绝佳时机来构建友好的合作关系。我们应该相信：只有在情感上尊重对方，理解对方，良好的谈判结果才会顺利如期达成。

第三章　商务谈判策略

第一节　谈判策略概述

商务谈判是指不同的经济实体各方为了自身的经济效益而满足对方的要求，通过沟通、协商、妥协、合作、策略等各种方式，最后达成各方都能接受的协议的活动过程。商务谈判离不开策略，了解商务谈判策略，做好商务谈判前的准备，掌握一定的商务谈判技巧和商务谈判各阶段的策略都是商务谈判重要的因素。

通常，谈判策略是整个谈判过程中的行动方针和政策，并随着谈判的进展而不断变化。由于不同的谈判对象有不同的工作方式，而且每个谈判者都有自己独特的谈判风格，所以谈判人员在谈判之前都需要经过一定的培训，获取一定的经验，才能成功应对不同风格的谈判对手。没有哪种单一的谈判方式能够让人“稳操胜券”，只有拥有经验和一定策略的谈判者才能“所向披靡”。

一、商务谈判策略的基本特征

商务谈判策略具有针对性、综合性、预谋性、时效性、随机性、隐匿性、艺术性等特征。

（一）针对性和综合性

商务谈判是一种应对性很强的活动，在商务谈判中，谈判人员一般主要针对商务谈判的标的或内容、目标、手段、人员风格以及对方可能采取的策略等来制订己方的策略。有效的商务谈判策略必须具体问题具体分析，做到对症下药，有的放矢。从另一个层面来看，商务谈判策略又是一种集合和混合的概念，它包括了在商务谈判过程中对谈判方式、战术、手段、措施、技巧等的综合运用，具有综合性的特征。

（二）预谋性

在谈判中，策略的运用绝不是盲目的。无论遇到什么样的情况，出现何种复杂的局面，选择和使用什么样的应对策略，谈判人员都事先已经进行了商讨与筹划。策略的产生过程就是策略的预谋过程。

（三）时效性

几乎所有的商务谈判策略都有时间性和效用的特点。一定的策略能在一定的时间内产生效用或效用最大化，超过这一特定的时间，商务谈判策略的针对性就会发生变化。

（四）随机性

在商务谈判中，无论考虑得多么周密，方案计划得多么详细，都会因时因地因环境而使一些事先谋划的策略不产生任何意义，即不会产生预期的效果。在这种情况下，商务谈判人员必须根据谈判的实际情况、过去的经验和现时的创新，随机应变，采取适当的策略来解决实际的问题。在这里，策略的随机性是从应用的角度来说的。

（五）隐匿性和艺术性

在具体的商务谈判实践中，谈判策略一般只为己方知晓，而且要尽可能有意识的保密，这就是商务谈判策略使用的隐匿性特征。艺术性特征是从隐匿性特征演化而来的。商务谈判策略的运用及其效果必须具有艺术性。谈判者说服对方，是依靠理性的和情感的力量而使对方心悦诚服地转变态度。说服注重的是心灵的呼应，它与法律仲裁、强权、舆论压力等强制性的手段或欺骗性的手段根本不同。说服对方时，态度要平等温和，保持理智，这是说服对方的基础。说服既是一种艺术，又是一种心理作战技巧。让对方心悦诚服而又无压抑感和威逼感，必须讲究策略。

二、商务谈判策略的划分和主要类型

不同的商务谈判策略具有不同的特点和作用，为此，更深入地了解商务谈判策略类型的知识，将有助于商务谈判人员较为准确、合理地选用针对性更强的策略。下面是根据不同的角度对商务谈判策略的分类。

（一）个人策略和小组策略

根据谈判人员形成规模的不同，谈判策略分为个人策略和小组策略。这种划分方法由国际开发法学院拉塞尔·B·萨闪教授提出。

个人策略是指单个谈判者面对面进行谈判时所运用的策略。拉塞尔·B·萨闪认为，谈判归根结底是一项涉及交换意见、说服对方和解决问题的个人行动。为了在谈判中更好地为己方工作，必须首先提高个人自身的谈判能力。个人策略包括尊重对方、细致分析、交流沟通策略、情绪策略、僵局策略、提防卑鄙手段策略等。

小组策略指的是进行集体谈判时所选用的策略。小组代表的是一个集体，每个成员代表集体的利益。与单个谈判者相比，小组谈判需要调动更多的专业人员，需要不同谈判任务和职责分配给谈判小组成员。小组策略不仅包含了个人策略，还包括人员组合与规模策略、文化策略、意见交换渠道策略等。

（二）时间策略、更高权威策略和信息策略

根据影响谈判结果的主要因素来划分，谈判策略可分为时间策略、权威策略和信息策略。最早提出影响谈判结果主要因素的人是美国谈判学家荷伯·科恩，他在《人生与谈判》（1988）一书中认为，影响谈判结果的因素主要有时间（time）、权威（power）、信息（information）。在荷伯·科恩的著作中，他建议谈判策略的制作、分析和选择都要围绕时间、权威和信息三大因素来进行。

在商务谈判中，时间可以成为一种无形的压力，在时间的压力下，对手经常会做出他们本不愿意的让步，也经常会出现不应该的错误。谈判双方都会考虑如何才能更有效地利用时间，运用好的一方将获得谈判优势；“更高权威策略”，就是告诉对方，你必须把谈判结果向更高权威的

领导或董事会报告。这样做是给对方制造一些压力，让他知道自己必须提出一份能够让你说服你的上司的合理价格，同时又不至于让对方产生对抗情绪。因为，当你的对手发现你有最终决定权时，他就会意识到自己只要说服你就可以了，所以在谈判中可以使用更高权威策略来掩藏自己的最终决定权；商务谈判是一场心理战，也是一场信息战。谈判信息策略是指运用所掌握的信息和信息的运用去掌握谈判的动向与态势。信息掌握的多少与真伪，在很大程度上制约着谈判的局面，信息运用的得当与否，则影响着对方的行为反应与谈判的成效状况。因此，信息策略是谋取谈判主动权的重要策略。

（三）姿态策略和情景策略

根据谈判人员在谈判过程中的态度和应对姿态，谈判策略可分为姿态策略和情景策略。这种划分是由英国谈判学家马什在其 1971 年出版的《合同谈判手册》一书中提出来的。

姿态策略是指在谈判过程中，谈判各方采取的旨在应对对方姿态的一种主观性策略，其作用在于创造好的谈判气氛，借助主观姿态来影响谈判的进程或结果。姿态策略又分为积极姿态策略和消极姿态策略两种。积极姿态策略旨在影响对方做出有利于己方，或向对方强调如其行为能与己方合作定会获利的策略。积极姿态策略的特点在于正面鼓励或引导。为了防止对方做出不利于己方的行为和表现而采取的策略属于消极姿态策略，消极姿态策略的特点是否定姿态、行为报复。

情景策略指的是在某些特定情况下为获得某些利益所使用的特定手法。情景策略具有相对固定性和明确性两大特点。相对固定性指在特定情况下应对对方或处理问题的特定手法形成了一种带有规律性的套路；明确性是指情景策略的固有性。因为它的固有性，所以谈判各方心照不宣，应对一方早已准备。情景策略又分为攻势策略和防御策略两种。攻势策略的目的在于采取强化己方优势，保持己方的主动，而防御策略旨在维护既存地位和利益、应付对手进攻。

（四）速决策略和稳健策略

从实现目标的速度和风格来分，商务谈判策略可分为速决策略和稳健策略。这种分类方法最早见于山东青岛牟传珩先生 1993 年所著的《再赢一次》一书。

速决策略是指在谈判中能够促进快速达成协议、完成谈判任务的一些策略。速决策略的特点是：时间较短、目标设置不高、在让步方法上果断诚实、一步到位、谈判效果较好；稳健策略是指在谈判中用来与对方持久磋商，在相对比较满意的情况下达成协议的策略。稳健策略的特点，在于时间较长、目标设置较高、让步方法上富有耐性、稳健，但有相当的风险。

速决策略和稳健策略是相辅相成的一对策略，但反映了两种完全不同的谈判思想。通常，谈判人员在谈判的最初阶段就会表现出他们将采用速决策略还是稳健策略。速决策略可以节省时间，提高谈判效率，但谈判的目标不高；稳健策略有可能在谈判中赢得更多的利益，但要付出较多的时间和投资，增大直接成本和机会成本，而且可能失败。

（五）进攻性策略和防守性策略

根据攻击的主动性程度，可以将商务谈判策略分为进攻性策略和防守性策略。进攻性策略是指谈判人员在谈判中采取的具有较强攻击性、取得谈判优势和主导地位的策略。这类策略的特点是主动进攻，态度强硬，难以让步。先声夺人、出其不意、车轮战术以及比尔·斯科特的“以战取胜”等都属于典型的进攻性策略。

防守性策略是指谈判人员在谈判中不主动进攻，采取防守或以守为攻的策略。这类策略的特点是以逸待劳，态度软弱或软中带硬，如“权力有限”策略就是比较典型的以防为进的策略。

这种划分看上去是比较绝对的。但在具体的谈判过程中，谈判策略会呈现出亦攻亦守或亦守亦攻的特征。多数情况下，谈判策略都有攻守的成分。比如试探性的“问题”策略，到底发问的人是攻还是守，或者攻守兼有，只能根据具体的谈判情景来判断。

（六）回避策略、换位策略和竞争策略

根据谈判中冲突的情形来划分，可以把谈判策略划分为回避策略、换位策略和竞争策略。

回避策略是指以避免正面交锋或冲突的方式来缓减谈判难题，赢得谈判目标为特色的策略。谈判的真谛是求同存异，必要的、恰当的妥协

或回避正是赢得利益的手段。回避就是为了实现谈判目的而以“退”为进。常用的回避策略主要有：以柔克刚、以退获利、模棱两可等。

换位策略是指谈判人员从对方的角度来考虑彼此的利益与需要而采用的有关策略。谈判的实质是谈判人员之间进行价值评价与价值交换。换位策略就是谈判人员通过分析，来满足谈判各方彼此需要与利益的技巧与措施。常用的谈判策略有：偷梁换柱、循环法则、记分法、换位法和“稻草人”策略等。换位策略也是避免正面冲突的策略。

竞争策略是指在多角谈判或面对潜在对手威胁的情况下，通过运用竞争机制或破坏竞争机制的方式所采用的谈判策略。采用竞争策略的谈判各方，其冲突不可避免，但他们冲突的激烈程度及其表现方式是不同的。通常采用的竞争策略主要有：货比三家、联合取胜、制造竞争、放低球、渔翁得利等。

（七）喊价策略和还价策略

根据在价格谈判中讨价和还价所运用的策略，可以把谈判划分为喊价策略和还价策略。

在价格谈判阶段或谈判的实质性阶段，讨价还价不可避免，一方肯定会报价，另一方必然会对报价做出反应、进行还价。顾名思义，喊价策略是指谈判人员报价的策略；还价策略是指谈判人员针对先前对方的报价而采取的谈判策略。在实际谈判中，报价和还价要反复出现多次才能取得一致。所以，报价和还价在谈判中会形成一个连续的过程。报价还价常用的策略有：筑高台、吹毛求疵、欲擒故纵、抬价策略等。

（八）单一策略和综合策略

根据谈判策略使用的数量或类型，可以把商务谈判策略划分为单一策略和综合策略。

单一策略是指谈判人员在谈判过程中使用一个策略或一类策略。特别是在推销数量很少的日用消费品时，单一策略的运用是比较常见的。通常，在自己比较占优势、占主动的情况下，选用一个策略或全为“以战取胜”这类的策略就属于这种情况。

综合策略是指谈判人员在谈判过程中使用多种或多类策略。在时间较长、谈判议题较复杂的谈判中，往往会选用多种策略或不同类型的策略。比如,为了达到目的,既可能选用进攻策略,也可能选用防守策略;既可能选用速决策略,也可能选用稳健策略。

在谈判实践中,绝大多数的情况是采用综合策略。在复杂多变的当今社会,单一策略很难达到既定目标。不过,综合策略是由单一策略构成的。在学习和实践中,必须对单一策略的原理、方法、关键点给予足够的重视。

（九）传统策略和现代策略

从时间上划分,我国谈判学界以20世纪80年代为分界线,把在此之前产生的谈判理论和策略称为传统谈判策略,在此以后所产生的谈判理论和策略称为现代谈判策略。

不同类型的谈判策略有可能是在同一理论基础上产生的。有些谈判策略彼此还可能是矛盾的或冲突的。当然,除上述归类外,还有些策略比较难归类。比如,方位策略、诱惑策略、数字策略、语言运用策略等。

事实证明,世界上没有一套放之四海而皆准、适合各种复杂情况的万能策略模式。只有把各种策略恰当地置于某种特定的情况之下,具体问题具体分析,灵活运用,才能在商务谈判中占据主动,取得积极的效果。

第二节 谈判策略的制定

规划总体策略是谈判准备的重要部分。然而,事先制定过于详细的战略计划同样不可取,因为如果谈判没有按照你预测的方向发展,你将面临需要立即做出反应和对策的风险。

一、谈判中常见的五大策略

面临谈判僵局,处理谈判冲突的时候,由于文化、背景、教育等因素的不同,每个人在处理冲突时都有自己独特的谈判方法、策略或风格。但从本质上来看,这些不同的方法、策略可以归于以下五个不同的类别。

（一）合作策略

当认识到存在冲突，冲突各方之间真诚讨论，积极倾听，并理解各方存在的差异，对有利于双方的所有可能的解决方法进行仔细考察，找到互惠的解决方案，不需要任何人做出让步，这就是谈判中的合作策略。

合作策略是国际商务谈判中最常见的策略之一。合作者对冲突的看法是通过维持人际关系和确保冲突双方实现各自的目标来管理冲突。这种对待冲突的态度是个人不仅代表自己的利益，而且也代表对方的利益。所以，合作策略是一种双赢的解决方法，冲突双方都满足了各自利益的策略。这是一种合作的方式，需要双方采取双赢的立场，也需要时间、精力和创造力。

（二）让步策略

让步策略是指在商业谈判中双方或多方就某一个利益问题争执不下时，为了促成谈判成功，一方或多方采用的放弃部分利益为代价的谈判策略。

这种策略一般会用在谈判的开始，当谈判双方认识到双赢已经不太可能的时候。让步的基本规则是以小换大。为了达到这一目的，要事先充分准备在哪些问题上与对方讨价还价、在哪些方面可以做出让步、让步的幅度有多少。让步策略的主要风格是说服和操纵，其目的是找到一些双方共同接受的解决办法，使双方得到部分满足。这种妥协姿态意味着谈判双方都采取了“小赢小输”的立场。如果双方在国际商务谈判中实力不对等，较弱的一方通常会采取这种策略。

（三）迁就策略

迁就策略是把对方的利益放在自己利益之前，为了维系相互之间的关系，愿意牺牲自我。

迁就方处理冲突的方法是不惜一切代价维持人际关系，很少或完全不关心当事方的个人目标。让步、安抚和避免冲突被视为保护并维系关系的方法。这是一种让步或“让赢”的姿态，在这种姿态下，迁就方处理冲突的立场是让步，允许另一方获胜。这是一种违背平等原则的谈判策略，在国际商务谈判中是不应提倡的。

（四）控制策略

控制策略与迁就策略相反，是将自己的利益放在对方的利益之前，为了达到自己的目的，愿意牺牲双方关系。

控制策略处理冲突的方法是采取必要的步骤来确保己方个人目标得到实现，无论付出什么代价。冲突被视为一个胜负命题，胜负在某种程度上等同于地位和能力。这是一种以权力为导向的方法，在这种方法中，你可以使用任何权力来捍卫认为是正确的立场，或者仅仅是试图获胜。有必要指出的是，这种策略在国际商务谈判中很少奏效。

（五）回避策略

回避策略是指在谈判中避开对方的“要价”，而又不使谈判破裂或影响谈判气氛的手段和方法。

回避者认为冲突是无论如何都要避免的。这种风格的一个中心主题是“回避”，这会导致有关各方高度沮丧。个人目标通常得不到满足，人际关系也得不到维持。因此，在国际商务谈判中使用它是不值得的。回避策略采取的形式可能是转移一个问题或者拖延时间而等待更好时机，再或者只是从一个威胁的局势中撤出。这是一种放弃或让赢的姿势，在这种姿势下，回避者的立场是放弃双赢，让对方赢。

当谈判双方地位不平等，经济和政治状况存在较大差距时，谈判者倾向于采用这种策略。事实上，有时候不得已采取的回避策略是避免可能遭受更大损失。当一方处于极端不利或弱势地位时，它就可以成为相对有效的战略。

二、五大策略使用的最佳时机

美国行为科学家 Thomas（1977）指出了每种策略使用的最佳时机。

合作策略的使用时机为：（1）双方的利益都很重要，而且不能够折中，力求寻找解决方案时。（2）当目标是综合不同观点时。（3）当需要从不同角度解决问题，你需要承诺从而让解决方案发挥作用时。（4）你希望建立或维持一种重要的关系。

让步策略使用的最佳时机为：（1）牺牲眼前利益可以换取长远利

益,或者以己方让步可换取对方更大的让步和优惠时。(2)能以己方较小的让步获得对方较大的满意时。(3)当做出的让步对己方损失不大,而对方又觉得该让步来之不易的时候。

迁就策略的使用时机是:(1)己方决策错误,而且希望对方认为己方通情达理。(2)你希望为以后谈判问题提前建立"信用"时。(3)问题对另一方更为重要的时候。(4)当你处于弱势并希望将损失最小化时。(5)和谐与稳定的关系对己方更重要时。

控制策略使用的最佳时机是:(1)谈判中迅速果断的行为显得至关重要时。(2)重要的问题需要不同寻常的行动来处理时。(3)己方决策正确时。(4)对方利用合作性行为时。

回避策略使用的时机为:(1)当事情不是很重要的时候。(2)当自己的利益无法满足的时候。(3)冲突带来的损失大于解决问题所带来的利益时。(4)希望别人能冷静下来的时候,采取暂时回避的策略,让对方考虑清楚。(5)为获取更多的信息而暂时回避。(6)当别人能够更有效地解决问题时。

谈判策略是在谈判中扬长避短和争取主动的有力手段。商务谈判的双方都渴望通过谈判实现自己的既定目标,这就需要认真分析和研究谈判双方各自所具有的优势和弱点,即对比双方的谈判"筹码"。在掌握双方的基本情况之后,若要最大限度地发挥自身优势,争取最佳结局,就要靠机动灵活地运用谈判策略。事实上,每种策略虽然有其最佳使用时机,但在具体谈判中仍需综合考虑各种因素,具体问题具体分析,灵活有效地谋划策略、运用策略。

第三节　影响谈判策略选择的因素

除了我们前面讨论的策略之外,还有很多影响或者制约谈判策略的背景因素:重复性、双方实力、交易的重要性、时间跨度和谈判对手特点。

一、重复性

重复性对将采用的谈判战略有着重要的影响。如果是与同一个组织的一系列交易,那就需要与之建立友好和持久的关系。在此情况中,人际关系必不可少。另一方面,如果谈判对方仅仅是一个不太可能再次遇到的组织,那战略上就不同了,没有必要担心建立商誉。因此,谈判前首要的战略考虑是交易的可重复性。如果可能是重复交易,那么合作策略是谈判中的一个好选择。

二、谈判双方的实力对比

第二种影响因素是双方实力。如果一方是唯一可以达成交易的人,那么该方就处于有利地位;相反,如果并非唯一,有许多潜在的顾客或者供应商,那么该方就处于相对劣势。谈判任何一方的运作方式和谈判代表的个性都会影响对方策略的选择。

在商务谈判中,对方的力量与已方相反。比如,如果对方以买者或卖者的身份主导市场,那么对方强势,已方劣势;但如果对方只是众多买者或卖者中的一员,那么对方劣势,已方强势。在已方居于优势地位的时候可采取较为压倒性的策略如控制策略,迅速巩固已有优势;而在已方居于劣势地位时可采取防守策略如回避策略、让步策略或者迁就策略等。

三、交易的重要性

交易重要性也是影响策略选择的因素之一,如果谈判是关于一个价值数百万美元的交易,那么策略就需要不同于几千美元的谈判。或者,如果在一个成熟的市场上就一个成熟产品的交易进行谈判,那么战略上的考虑就没有在一个新市场推出一个新产品的关键时刻那么重要了。

四、时间跨度

在国际商务英语谈判中,交易的时间跨度也会影响谈判策略的选择。如果必须迅速达成协议,那么谈判策略可能与没有紧迫性时的谈判策略不同。在前一种情况下,强势方可能选择"控制"策略,弱势方可能放弃(如果达成的协议导致其一方损失或条件不可接受)或使用"回避或迁就"策略。

五、谈判对手的特点

从不同的维度来划分，谈判对手有着不同的特点：有的可能是经验丰富的谈判老手，有的可能是初出茅庐的新手；有的对手性格温和，以和气为重，有的性格强势，凡事据理力争，有的大局观较强，有的非常看重细节……谈判讲究知己知彼，才能对症下药。谈判的成败与否，以及最终可能获得利益的多寡与谈判对手存在很大的关系，因此策略的制定与选择会因对谈判对手特点的深入分析和把握而异。

综上，这些因素对于谈判策略的选择以及有效地组合都会产生相应的影响，因为策略的使用更多是基于实际情况的恰当匹配与灵活使用。

第四节　商务谈判策略运用的原则

根据不同的类别划分，商务英语谈判策略种类繁多。在实际谈判中，究竟如何选择合适的商务谈判策略？总的来说，商务谈判策略的选择和运用有周密谋划、随机应变、有理有利有节三种原则。

一、周密谋划原则

所谓周密谋划原则，就是在运用谈判策略时要对每一个环节、每一句话进行周密细致的运筹，做到胸怀大局、有勇有谋。谈判前，谈判人员要收集信息、提供资料、参与拟订谈判计划和设计谈判方案，在谈判前尽可能充分了解己方尤其是对方的实力、目标意图和双方退让的幅度，是必不可少的准备工作；在谈判中，谈判人员应该通晓各种谈判策略与技巧，熟悉每种策略使用的最佳时机，运用自身谈判经验，沉着冷静地参与谈判。谈判是一种高水平的智力游戏，舌战犹如枪战，唯有周密谋划，才能取得预期的谈判效果。

二、随机应变原则

所谓随机应变原则，就是在运用谈判策略时要根据谈判的有利时机，灵活应对谈判形势的变化，做到不丢失主动权。

商务谈判具有很强的随机性，谈判桌上的攻防策略、招数、套路奇多，策略无穷，常用常新，同时形势也有可能风云变幻。这就要求谈判者尤其是主谈判人，敏于应变，反应灵活，急中生智，足智多谋，多谋善断。只有在谈判中随机应变，灵活应对，加以变通，才能提高谈判成功的概率。

三、有理、有利、有节原则

所谓有理，是指在磋商中，无论提出的是建议还是反建议都要掌握充分的材料和数据，具有充分的说理内容，而不是空洞的说教，更不是凭空臆测，或者无理坚持己见；所谓有利，则是谈判人员应当充分利用对自己有利的因素，包括内外部因素；所谓有节，则是在谈判中涉及争议问题时，因关系双方利益，应掌握分寸和火候，适可而止。

商务谈判是买卖双方不断磋商，互相让步，解决争端，以求最后达成协议或签订合同的过程。就达成的协议或签订的合同而言，一般总是双方可以接受而且彼此都能获益的。一个最佳的谈判，每一方都认为取得了对自己有利的合同条款，这就体现了造诣很深的谈判艺术。在谈判过程中，讲究“艺术”，力求做到有理、有力、有节。

第四章　商务谈判中的语言技巧

商务谈判是通过沟通、协商等一系列行为，最后达成各方能接受协议的活动过程。沟通、协商都离不开语言，商务谈判的过程实质上就是谈判者使用语言，唇枪舌剑，为争取自身利益而进行的一系列商务活动。由此可见，语言技巧在商务谈判中至关重要，如果语言使用不当，轻则闹出笑话，重则导致谈判双方关系破裂，谈判中止、失败。因此，要想提高商务谈判的成功率，扎实的语言功底和技巧必不可少。条理清晰、论点鲜明、论据充分的语言表述，合理的语气、语速和语态，恰当得体的词语选用，能增强说服力，从而直接影响谈判的进程与结果。

从语言特征上来看，商务谈判的语言具有客观性、针对性、逻辑性、准确性和灵活性等特点。谈判的语言要客观，要向对方提供真实可靠的情况；针对不同的谈判对象、不同的谈判内容、不同的谈判目的、不同的谈判阶段，要运用不同的谈判语言；概念要明确，推论要符合逻辑，证据要确凿，力求前后一致、说服有力；谈判中用词要准确，要避免使用因为文化差异而带来的理解起来有歧义的词语，少用方言、俗语以避免表达上造成的误会；谈判时密切关注对方谈判者所表露的信息，及时反应，灵活机动地组织谈判语言来应对。

从类别上来看，根据不同表达方式，谈判语言可分为口头语言和肢体语言。只有谈判者熟练掌握商务谈判中使用的语言规则和谈判技巧，才能将语言的全部力量转化为实现谈判目标的有效工具。

下面章节将从问与答的常用技巧、陈述和反驳时可使用的语言技巧以及身势语技巧三个方面进行具体阐述。

第一节　问和答的技巧

在商务谈判中，不可避免会遇到问题，需要答案。提出巧妙问题和提供有效答案是语言艺术的一部分。谈判者除了能熟练提出问题和巧妙回答之外，还应该知晓如何成为好的倾听者。

一、提问的技巧

提出问题是当事人向对方获取信息的重要手段。谈判者总是通过提问来明确自己对对方需求的理解，了解对方的想法，传达自己的意思，并引导对方的思考。因此，我们应该清楚地知道为什么要问问题，要问什么问题，什么时候问问题，怎么问问题。一般来说，问题可以分为封闭式问题和开放式问题。

（一）封闭式问题

封闭式问题是相对于开放式问题而言的，指在一定的条件下，能引起给定答案的问题，封闭式问题的常用词汇有：能不能、对吗、是不是、会不会、可不可以等，其唯一的答案是“是”或“否”，“能”或“不能”等。封闭式问题可以有效地引导沟通的进程和方向。在谈判中，典型的封闭式问题，比如：“能不能给我们看看这个产品的说明书？”“贵公司可否在7月份发货？”“能不能安排我们体验一下产品？”这类问题对方只能二选一，没有其他选择，可以帮助提问者获得确定的、具体的信息，同时回答这些问题不需要太多的努力。然而，提出封闭式问题可能会在某种程度上被视为威胁，并可能使对方感觉不快。

封闭式问题还可以细分为以下具体类型。

1. 暗示性提问

在提问时，其实预期的答案已经嵌入问题中。例如：“根据CIF条款，一旦货物在装运港越过船舷，风险和责任将从卖方转移给买方。现在集装箱在甲板上坏了，保险公司不应该赔偿损失吗？”“贵公司一般是在半个月的周期内安排发货，对吗？”“产品的质量一直都是有保证的,对吗?”这些问题包含了答案,而问题本身提供参考,促使对方迅速做出决定。一般来说,提问者应嵌入他们希望采纳的建议,引导对方做出决策,以达到令自己满意的结果。

2. 选择性提问

选择性提问一般会提供几种情形,要求对方做出选择。例如:“您的样品是通过普通包裹、航空邮件还是国际快递等方式邮寄给客户?”“产品的生产周期是一个星期还是半个月?”“产品的说明书除中文版之外,还提供了英文版或日语版,还是其他语种的版本?”也就是说,我们给出两个或两个以上的选择,供对方考虑。当然,在使用选择性提问的时候,提问的语速要适中,语气要温和委婉,态度要诚恳,以免给人留下强势的印象。另外,切不可缩小对方可以选择的范围,否则对方可能会发现所有选择都是不可接受的。

3. 参考性提问

参考性提问是根据第三方的意见提出问题。例如:“智联人力资源专家认为,互联网行业正由经营成本较高的一线城市,逐渐向新一线甚至三四线城市扩散和迁移,您同意吗?”“国内媒体争先报道该产品升值空间大,价格将不断上升,对此您怎么看?”这类问题提及的第三方需双方都认识,且非常权威值得尊重,而且对对方可以产生重大影响。相反,如果提及的第三方对对方而言非常陌生,那达到的效果可能会事与愿违。

4. 澄清性提问

澄清性问题是指我们促使谈判对方重新陈述或补充之前回答的问题。例如:“刚才您说产品将在7月底之前发货。您能保证吗?”“刚才您提到今年我们的双边贸易计划采用信用证支付,您已经决定好了吗?”这类问题的目的是让对方在表达了一定的想法后,敦促对方再次澄清自己的态度,确保双方都能得到准确的反馈,增进相互了解。

综上,封闭式提问可分成暗示性、选择性、参考性和澄清性四种类别,有其优缺点,其优点是节省时间,能迅速切中要点,提问人能够保持谈话的控制权,在短时间内获得确定的、具体的信息;缺点则是语气不当会给对方强势的感觉,引起对方的不快和厌烦。另外,因为提问者提供了答案参考范围,所以可能得不到丰富的细节。

（二）开放式问题

开放式问题与封闭式问题相对。开放式问题不限制答案，但也不能用简单的"是"或"否"来回答。例如："贵公司的产品有哪些特征？产品质量如何？""您计划每年购买这种设备多少台？"提问者总是能够获得更多的详细信息，因为这类问题没有固定的答案范围，他们鼓励对方自由交谈。开放式问题可具体细分为以下具体类型。

1. 征求性提问

征求性问题往往以征求同行的意见为目的。例如："很高兴我们已经在技术方面达成了很好的协议，现在我们开始谈谈具体合作的方案好吗？""我们公司正在计划收购一家电子产品公司。您愿意加入这个有良好前景的项目吗？"这些问题通常与对方的利益有关，可以被视为一种建设性的提问方式，以征求对方的意见。

2. 探究性提问

探究性问题是根据交易对手已经提供的信息提出的进一步问题，例如："您认为价格没有降低的空间。除了您已经提到的两个原因之外，还有其他原因吗？""您认为汽车的生产受到技术的限制。那么，如果我们派更多的技术人员来解决这个问题，还有什么可能影响产量呢？"向对方提出试探性的问题可以用来挖掘更多的信息，然后用来进行比较和分析，以便找到更好的解决办法。此外，还可以显示己方对对方正在谈论的问题的关注和兴趣，并往往使对方更愿意与提出这些问题的一方进行沟通。

3. 求证性提问

这些问题促使对方证明某一点或者解释某一问题的情况。通常，会有一连串的提问。比如下面一段有关价格的洽谈：

卖方：我们通常对这台模具机至少要收 750 美元，而且绝不低于这个价格！

买方：你能告诉我为什么不能再低一点吗？

卖方：价格低了会让我们赔钱的。

买方：你为什么会赔钱？

卖方：因为成本太高了。

买方：为什么你们的价格这么高？

卖方：因为原材料涨价了。

买方：什么样的原材料受到了这次涨价的影响？

卖方：主要是钢材。

买方：模具机的其他原材料涨价了吗？

卖方：还没有。

买方：的确，国际市场上的最高钢价是5000美元一吨，相当于5美元一公斤。像你这样的铸模机最多需要10公斤的钢材，所以看来一台铸模机的原材料成本增加了50美元。但你们的价格提高了150美元。你们的涨价是基于这种成本计算吗？

卖方：是这样吗？哦，好吧，我们可以降价60美元。

在上述情况下，通过不断提问，买方敦促卖方逐步披露高价背后的事实。结果，买方用他获得的事实作为证据，说服卖方承认高价是伪造的。最后，卖方同意在更合理的成本计算基础上做出让步，降低价格。

提出求证问题的技巧要求发问者有精确的逻辑思维，对有关情况有准确的了解。最后，他应该能够利用对方接受的事实和理由来压倒对方的反对意见。否则，提问者将失去谈判机会。

4. 启发式提问

这是一种激励对方提出意见和建议的方法。例如："业界普遍认为明年铁矿石价格可能上涨。你有什么看法？""这艘班轮成本较低，但每个月只有一艘班轮开航。这不能保证准时交货。你能提出更好的解决办法吗？"提出这些问题的目的是征求对方的意见，以便提出一个新的、更可取的建议，或者一个对双方都有利的建议。

5. 引导性提问

与启发式问题不同的是，引导性问题在开始具备共同观点的前提下，通过分步推理引导对方进入自己的思维轨道，最终使对方给出自己期待的答案。诱导性问题的答案是多样的，没有限制、没有框架，可以让对方自由发挥。例如下面的一系列提问。

"贵公司目前电脑使用什么品牌呀？""用多久啦？""使用效果如何？""当初投资了多少费用呢？""当初为什么下这个决定呢？""使用它之前还使用过别的电脑吗？""当时考虑过哪些品牌呢？""公司里是哪些人在使用呢？""最常拿来做哪些事情呢？""喔？每年要维修两

次为什么呢？”“维修费是多少呢？”“为什么经常造成故障呢？”“造成故障，对工作进度会造成很大的影响！那对工作进度的影响会造成什么样的损失呢？”“要是长时间损失下去，成本肯定要追加，追加多少呢？”“成本增加了，投入加大了，对公司有什么影响呢？”“长时间下去，对公司的前途有什么影响呢？”该例子中前面提出一系列问题，找到问题，达成共识后，就开始针对问题导致的后果进行引导，扩大问题后果，让对方对这样的后果感到痛苦并开始反思，一步步引导另一方进入己方单一的、理想的意见的轨道。

综上，开放式问题可大致细分为征求性、探究性、求证性、启发性和引导性等五种类别。开放式问题与封闭式刚好相反，其优点是无框架，可以让谈判对方自由发挥，感到自在，能让谈判继续下去，具有一定的深度和趣味。此外，开放式问题需要解释和说明，从而可以获取更丰富的细节方面的信息；其缺点是开放式的回答会花费大量的时间才能获得有用的信息量，而且需要提问者有很强的把控或者导向能力，否则谈判内容可能会失控，没有朝预期的方向发展。另外，大量的开放式问题可能会令对方产生不好的印象，让人感觉会谈方没有实际目标的调查，没有前期准备。总而言之，开放式问题提供了更具宽度和深度的答复，却相对而言更难分析。

（三）避免问的问题

在谈判中尤其是国际商务谈判中，有的问题或者情形应该要尽量避免，否则会引起不必要的误会和尴尬。

（1）关于私生活、工作、收入、家庭状况、妇女年龄、宗教和政党信仰的问题。

（2）让人感觉充满敌意的问题。

（3）怀疑对方品质的问题。

（4）与谈判内容无关的问题。

二、回答的技巧

俗话说“众说纷纭”，同一个问题往往有不同的可能答案，不同的答案会产生不同的效果。在商务谈判中，提问者的动机非常复杂，很多情况下，简单的“是”或“否”是不够的。回答不当将危及谈判的成功。所以在某种程度上，回答技巧比提问技巧更重要。

商务谈判中，回答问题总的来说有以下原则：为了避免被困住或泄露己方不愿透露的信息，不要轻率回答问题；回答所问的问题，避免模棱两可；在回答问题之前，试着找点时间思考这个问题。可以通过喝水、点烟、改变坐姿、浏览一些资料等方式来为思考“争取时间”；不要透露太多的信息，让你的团队别无选择；明智的做法是保留一些信息，不要一次透露所有信息；不要让对方没完没了地提出问题。这样你就可以阻止他得到你不想透露的信息。

（一）直接法

这是一种用来回答对方已经预料到答案的方法。在回答这类问题之前，你应该清楚地了解提问者的意图。否则，你的回答很难让对方满意，或者，另一方面，你可能会泄露你的秘密。例如，当你被问及你用来制造模具机器的材料时，很明显对方已经知道它们是什么了。因此，如果你不说真话，你将被证明是不诚实的；如果你回答的问题太详细，你会泄露己方的成本秘密。在这种情况下，最佳的回答技巧莫过于使用直接法来直接表明自己的观点。例如：“你是想确定我们产品材料的成本吗？对不起，产品中使用的材料是我们的秘密。更重要的是，材料成本不是决定产品价格的因素。”

（二）反问法

反问处理法是指针对对方提出的问题以反问或者质问的方式来做出回应的一种方法，在反问的幌子下隐含着强烈的相反肯定。更简单地说，答案可以用疑问句来表达。为了回答对方提出的问题，一个人只需问另一个问题，比如当对方问你是否会打 10% 的折扣时，你可以回答：“那么，你可以提前预付 50% 的订金吗？”事实上，你很清楚，对方不可能答应提前预付一半的订金。这种回答不仅给了己方喘息和准备的机会，而且利用了对方的弱点来帮助自己回答一个难以回答的问题。

（三）模棱两可法

所谓模棱两可法，指的是针对对方的提问时，不表明明确的态度，或没有明确主张的一种回答问题的方法。这种方法不仅可以避免向对方透露己方的真实意图，而且可能对对方做出不利自己的决定造成干扰。由于这种答复没有提供任何具体解释，可能会有许多不同的解释，因此为后续谈判留下很大的空间。例如："我们的客户急需这批货。我们正试图寻找除贵公司以外的其他货源。同时，我们将共同协商交货日期、付款方式和价格，然后进行比较，选出一个最优惠的价格。"在这个例子中，回答者就使用了模棱两可的策略，一方面并没有明确地表明将要选择哪个公司的货物，另一方面又透露了将选择最优惠价格一方，为跟提问者的后续价格谈判留下空间。

（四）转移话题法

转移话题法或者叫重新定向法指的是在回答对方提出的问题时，重新引导新话题，即"对问题给出一个不相关的答案"。当我们使用这种方法时，我们应该在前一个话题的基础上，自然地将讨论引向一个新的主题。以下案例很好地诠释了转移话题这一回答技巧。

1986 年，广东有一家玻璃厂需要引进新设备，通过最后的筛选，管理者决定和美国的一家设备公司进行合作，主要原因就是这家公司的设备质量比较过关，在市场中有很好的口碑。很快这个玻璃厂的管理者就和美方设备公司的人员进行了价格谈判，谈到最后，双方始终在价格上僵持不下。这时，美国设备公司的一位谈判人员无意地问道："不知道贵公司现在有多少流动资金啊？"我国的谈判人员听到这样的问题后显得很是沉稳，如果告诉了对方，就等于是让对方知道了我们的经济实力，这对价格谈判来说将是非常的不利，如果直接拒绝对方则可能显得不够礼貌，于是，我国的谈判人员说："我们知道贵公司的设备是世界一流的，你们能够为我们提供很好的服务，这对我们厂子的发展来说将非常有利，目前我们的外汇是非常有限的，而且其他设备厂家也想进入这个地区，如果我们不能够尽快地达成协议的话，你们有可能就会失去中国这个市场。"我国谈判人员的这些话说得非常尖锐，同时也避免了刚才对方提出的问题，这时对方说："好吧，我们就按照你们所说的价格签合同吧！不过你们厂看起来真的很有实力，不知道你们都在与哪些厂家做业务啊？"对方提出的这个问题显然又是一个企业机密方面的问题，而且在最后签约的时候提出来，这让我国厂家的谈判人员很是为难，只见谈判人员思索了一下回答道："和我们做业务的当然都是像您这样的大公司了，像您这样具有高质量、高技术产品的公司是我们最值得尊敬和保护的。”就这样，外国的谈判人员竖起了大拇指和这个厂家签订了合同。

在这个价格谈判的案例中，美方谈判代表始终在有意无意地问一些关于企业机密方面的问题，作为一个优秀的谈判人员来说，这样具有原则性的问题是绝对不能告诉对方的，然而，怎样去回避这样的问题呢？案例中面对对方两次涉及机密问题的提问，谈判人员巧妙地转移主题，回避了这些尖锐的问题。

（五）选择性回答法

这是一种特意缩小对方问题而选择性进行回答的方法。在商务谈判中，当对方提出一个由许多小问题组成的大问题时，我们不一定要详细回答每一个小问题，而是选择有利于我们一方的问题来回答。例如，当回答对方提出的关于产品特性的问题时，我们没必要一一陈述产品的所有特性，而只需选择一些特殊特性来描述，这可以带给对方更深刻的印象。

（六）拒绝式回答法

拒绝式回答法是试着以借口的方式来拒绝回答那些棘手的问题。比如“现在讨论这个问题还为时过早”或者“我真的很想知道您的意见，但实际上我方不能满足您降价的要求，因为您计划订购的数量太多”。学会用合理的理由向对方说“不”，以减轻己方的压力。

综上，应答的技巧各异，有直接法、反问法、模棱两可法、转移话题法、选择性回答法和拒绝式回答法等。在谈判中，巧妙运用回答技巧创造性地回答对手抛出来的问题，不仅可以化解自身危机和压力，也能缓解沉闷的谈判气氛，有利于谈判的顺利进行。因此，巧妙的语言艺术为谈判增添了成功的砝码，可以起到事半功倍的效果。

三、倾听的技巧

“多听少说”是商务谈判者应该具备的基本策略。倾听可以帮助人们获得信息，了解对方的意图，并预测他们的进一步行动。在谈判中倾听，不仅要用耳朵倾听，而且要用眼睛观察对方的面部表情、反应和手势，用心感受谈判气氛，在倾听的同时用心分析对方的话语。

不仅问与答需要技巧，倾听同样需要技巧。第一，认真耐心倾听。当对方陈述意见时，自己应该全神贯注，不能心不在焉。同时，保持足够的耐心，不要打断对方的讲话。第二，积极倾听。在听的过程中，应该对对方的陈述提供积极的反馈。例如，与对方保持眼神交流，通过点头或微笑鼓励对方发表意见，或皱眉或耸耸肩表达困惑。同时，为了更好地理解对方的陈述或指导谈判，可以在他的谈话中插入简短话语，提出相关的问题，以获得更多细节。第三，克服成见。语调、措辞、声调和表达方式可以为理解词语背后的含义提供一定的线索。但有时对手可能会给你错误的印象，所以优秀的谈判者首先应该做出正确的观察，客观、合理地分析对方的言行。第四，做好记录。写下关键点，尤其是在一个漫长而复杂的谈判过程中，可以帮助自己在谈判过程中灵活运用，也可以保留记录，向对方施加压力，让他们信守诺言。第五，不要让对方牵着鼻子走。有时，对方可能会巧妙地试图改变话题，或通过恭维的方式来分散你的注意力。在这种情况下，谈判者应该保持清晰头脑，并有策略地引导谈话，使其回到你所关注或者之前一直在谈论的话题上。

第二节　陈述与辩论的语言技巧

谈判中的发言是根据自己的要求陈述观点或对有关问题的解释。它反映了发表声明的一方的立场和意见，以便使对方清楚地了解他们的意图。因此，这种陈述被定性为“积极的”。与“回答问题”不同，它不受对方提出问题的方向和范围的限制。商务谈判中的发言，特别是开场阶段使用的语言，直接影响到对方的理解，也决定了整个谈判的基调。

一、陈述观点的实用技巧

以下技巧可能有助于在谈判中陈述观点：

（1）简洁明了。在谈判中陈述自身观点时，谈判者应该避免冗长或多余的表达,不要使用长而复杂的句子。为了简洁有效,也应避免含糊不清、行话或过多的技术术语。

(2)准确无误,前后一致。当需要提及数字时,应该确保它们是准确的,尽量避免使用诸如"大约""大概""可能"等不确定的词语。在报价的时候,不应该轻易限制自己的价格范围,以免对方发现后很容易选择对他们最有利的上限或下限,并利用这个机会,激烈地讨价还价。此外,陈述应该反映相同的观点,以避免前后自相矛盾。

(3)区分主次,统一连贯。除有意安排外,在发言时应该分清主要问题和次要问题,按逻辑顺序一一陈述。发言的整个过程不应该偏离主题。无论是从具体到一般,还是从一般到具体,都应该一点一点地向前推进,用清晰而合乎逻辑的方式表达自身的想法。

(4)客观真实。在谈判的陈述中,应该客观、准确,不能夸大其词或轻描淡写。否则,一旦夸大其词或不准确被对手发现,己方声誉将严重受损。当然,这与重优点、轻缺点的原则并不矛盾。

(5)生动形象。不要用枯燥、平淡的方式进行陈述,也应该避免枯燥和抽象的谈判风格。幽默生动的语言艺术可以带来轻松的气氛,事半功倍。谈判陈述观点不是在传递教条或布道,应该尽量使用生动、具体和有说服力的词语。

(6)言行得体。谈判者应恰当地使用语言,尽量使用中性和礼貌的语言,可使用尖锐或谦虚的词语来实施否定策略,但不能过度使用。你应该知道该说什么、不该说什么。你应该注意通过适当地使用软硬策略,使你的陈述反映出适当程度的紧张或放松。

(7)自我导向。在谈判中陈述己方观点时,不管对手给出了什么样的回应,都应该专注于提出己方的建议。在发言中尽量避免过早地直面对方的想法,不要提及你是否同意对方的意见,以免在这个早期阶段陷入争论或僵局。

(8)及时纠错,必要时重复。如果在发言中发现口误,应该立即纠正。绝不隐瞒或掩盖错误。如果你试图用谎言来掩饰,说一个谎言会升级为说一连串的谎言。充满谎言的谈判是一场灾难。

当对方听不清楚或不理解你的主旨要义时,可以放慢速度,适当地重复你所说的话。如果对方误解了意思,应该指出并帮助他们尽快理解你的原意。

二、辩论时的技巧

谈判的过程离不开双方辩论。无论围绕什么议题进行辩论，都应该遵守以下五大基本原则。第一，观点清楚、引用有说服力的事实；第二，敏捷地思考、逻辑地组织思想；第三，把重点放在关键的原则上，而忽略琐碎的事情；第四，准确谨慎地衡量自己的话，不能情急之中，说出侮辱性的话语；最后，软硬兼施，适时原谅对方错误。辩论的技巧有以下几种。

（一）针锋相对法

当商务谈判触及核心问题时，双方都会以各自的理由为自己的利益而争论，各执一词，各抒己见，不愿向对方做出任何让步。这种意见交流和口头辩论并不被视为互相争吵，而是用合理的理由说服对方的一种手段。首先，一方必须攻击对方的"软肋"，同时试图阻止对方攻击己方的弱点。其次，要收集充分的证据和确凿的事实，使对方不能反驳你的观点。再次，你应该采取适当的、灵活的原则，留出一定的弹性空间，以达到双赢的效果。最后，要因时制宜，审势而行。如果谈判中合作性原则对己方更为重要，那就应该谨慎使用"针锋相对"策略。

（二）抛砖引玉法

当谈判陷入僵局时，一方可以采取"抛砖引玉"的策略，给对方一块"砖"——小利，诱使对方提供"玉"——大利。具体说来，你可以先给对方留下好印象，引起对方的兴趣，然后对方可能主动摊牌，或者承认自己论点中的漏洞。因此，己方可以使用这种策略，在谈判中掌握主动权。

（三）因人而异法

俗话说"看人说话"。在商务谈判中，要根据对手的地位和性格特征，运用不同的语言技巧，保持语言的稳定和心理的平衡，促进谈判的顺利进行。例如，应对脾气暴躁、喜怒无常的对手时，应该用温和而柔和的语言，以消除他们的愤怒；应对知识渊博的谈判专家，应该谨慎措辞，进行全面而合乎逻辑的辩论；与性格保守、决策迟缓的对手辩论时，应该用极大的耐心证明自己的观点，通过眼神交流与对方保持沟通。如果对方语速慢、听力理解能力差，你可以说得慢一些；反之，如果对方理解能力好，反应较快，你可以适当地加快速度。

（四）比较推理法

在谈判中，就一个议题辩论时，谈判者可以利用事物或数据之间的显著差异来证明你所论辩主题的优势或劣势，以便指出己方的优势，并给对方留下深刻印象。例如，可以将本公司与同行业的外国公司进行比较，指出自己公司在创意、质量、交货期和售后服务等方面的优势，使对方完全信服。

（五）逆向思维法

当对方提出某种不合理的要求时，己方应该适应不断变化的情况，用逆向思维来审视问题，以证明要求是荒谬的、不合理的，从而使结论发生巨大变化。

综上，在谈判中无论是陈述己方观点还是跟对方就某一议题进行辩论，都有其基本的原则和方法技巧。熟知这些原则和技巧，在谈判实践中灵活运用，可以加大谈判获胜的筹码。

第三节　身势语的技巧

谈判语言可以分成有声语言和无声语言。无声语言又称作身势语或者态势语，在交流中是有声语言（口语）的重要补充，它通过身姿、手势、表情、目光等配合有声语言来传递信息。无声语言虽然不能像有声语言一样传达大量信息，却可以透露一些重要细节。观察肢体语言是分析、获取信息和理解对方的重要手段。谈判中的肢体语言主要包括面部表情、肢体语言和一些附带行为。

一、面部表情

(一)会说话的眼睛

俗话说:“眼睛是心灵的窗户。”我们情绪的变化,各种情绪和态度的变化,都可以反映在我们的眼睛里。一般来说,人们可以通过控制自己说话时的语气和行为来隐藏自己的真实意图,但要隐藏自己眼中的表情却非常困难。眼睛通常能传达以下八种不同的信息。

(1)如果对方经常看你的脸或与你眼神接触,说明他/她对你所说的非常感兴趣,渴望了解你的态度,确定你的诚意,所以你很有可能与他/她达成交易。

(2)如果对方看着你,脸转向一边,你会发现他/她对你的陈述表示怀疑,因此达成交易的可能性大大降低。

(3)如果对方的眨眼频率远远超过自然频率(通常情况下,人们每分钟眨眼 5 ~ 8 次,即我们每 10 秒眨眼一次,每次眨眼的时间不应超过 1 秒),那么对方可能对你或你的谈话感到厌烦,或者他/她有优越感,可能会感到厌烦并对你漠不关心。

(4)如果对方低着下巴抬头看你,你会发现他/她想讨好你,这就更容易达成交易,他很可能会做出一些让步;如果他/她抬起下巴低头看你,你可以看到他/她占了上风,很难从他/她那里赢得让步。

(5)当你提到价格等重大问题时,对方会避免与你频繁的眼神交流。你可以看到你的对手可能试图以过高的价格出售或以过低的价格购买。

(6)如果对方的瞳孔放大发亮,你可以看到对方非常兴奋,你成功的可能性相当大;瞳孔缩小,眼睛迟钝,说明对方非常消极或愤怒,谈判成功的可能性就会降低。

(7)如果对方的目光不停地移动,你会发现他们对你说的话不感兴趣,但可能太客气了,不会打断你,所以他们变得焦虑和不耐烦。

(8)如果对方说话时不看你的脸,或者偶尔瞥一眼你的脸,然后很快就走开了,这可能表明他们不诚实:他们可能想占便宜,或者对这笔交易缺乏兴趣。

（二）会说话的眉毛

眉毛的运动与我们的眼睛相对应，传达同样的意思。然而，仅仅眉毛的动作也能反映我们的一些情绪：眉毛光滑表示心平气和；抬起眉毛表示惊讶或询问；皱眉表示困惑、怀疑或厌恶；舞动的眉毛显示出愉悦、接受或亲密；眉尖低垂表示悲伤或沮丧；把眉毛翻过来表示极度愤怒。

（三）嘴的表情

人的嘴除了呼吸、说话、进食和饮水外，还可以有反映自己情绪的动作。例如，嘴角抬起表示高兴；嘴角放低表示不满；闭紧嘴表示决心；撇嘴表示漠视和厌恶；如果对方把嘴角向后拉，暗示着对方在认真倾听你所说的话；如果对方稍稍抬起嘴角，说明对方对你刚才说的话很满意；撅起嘴唇可能表示极度愤怒，也可能是一种暗示或招惹别人的方式；咬着嘴唇表示内疚，或者找借口安慰自己。

二、肢体语言

（一）上肢动作

（1）标准的握手姿势意味着你应该用坚定而温和的力量握住对方的手掌，对方也应该回敬坚定的握手，通常持续1到3秒。握手除了表示礼貌和问候外，还可以表达多种含义。坚定的握手表示热情、积极和自信；松散的握手表示害羞、胆小、缺乏自信、保守或摆架子；手心出汗表示兴奋和紧张；目不转睛地盯着对方一段时间后握手，说明是在观察对方，实际上，这种行为意味着要降低对方的地位；用双手握住对方的一只手，上下摇动，表示真诚的感谢、请求或交易的完成。

（2）双臂交叉放在胸前，显示出保守、防御或保护，同时，如果双拳紧握，表示对对方的紧张或挑战，略显敌意。

（3）手指交叉可以显示出专注、坦率和自信。

（4）敲击手指或笔，表明对对方现在所说的话不感兴趣、不同意或不耐烦。

（5）把胳膊肘搁在桌子上，用手指蘸着水，显示出自信、任性、权威或傲慢。

（6）咬手指或指甲大多是从小养成的习惯，如果当着对方的面咬的话，说明不是紧张、担心，就是放松、冷漠。通过观察对方当时的面部表情和谈判气氛，可以更好地确定这一行为的含义。

（7）用双手一个接一个地按压和捏手指关节发出噼啪的响声，显示出决心，也可能表明紧张得到了缓解。

（二）下肢动作

（1）双膝并拢。如果对方说话时双腿并拢，上身挺直，并长时间保持这种姿势，则表示尊重和谦虚，并可能表示对方希望完成这笔交易。双方把膝盖放在一起，上半身向后倾斜，显示出谨慎和周密的考虑，但缺乏魅力和自信。

（2）两条腿分开。如果对方坐着，膝盖分开，上半身向后倾，说明他有足够的自信，不容易做出任何让步。

（3）交叉腿而坐。如果一个人交叉腿，上半身直立，这表明他可能渴望成交。如果他坐在对方对面，上半身朝对方倾斜或向前弯曲，这意味着他希望与对方合作。如果他叉腿而坐，上身向后倾，这可能表明他傲慢或拒绝。

（4）脚踝放在膝盖上坐着。一只脚放在另一条腿的膝盖上，上半身靠在沙发上，可能表示爱护、谨慎、怀疑或不愿意合作；上半身向前弯曲，积极地交谈，表明一个人很热情，不为琐事操心或一丝不苟，愿意合作。腿部姿势的频繁变化显示不适、不安或不耐烦。

（5）晃动双腿。如果一个人在说话或听的时候摇晃着双腿，可能表现出不耐烦、无助、别无选择、不安或急于摆脱紧张的情绪。

（6）移动脚。当一个人用脚趾轻拍地板，或者一次又一次地把脚分开和放在一起时，他可能处于不安或忧虑的状态中。

三、其他行为

（一）吸烟行为所传达的信息

（1）吸烟后，如果对方保持上半身挺直或向后倾斜，同时向上呼出烟圈，通常是自信的象征；如果烟圈向下，则表现出不活跃或可疑的态度。

（2）如果烟从嘴角慢慢飘上来，说明吸烟者的行为是偷偷摸摸的，或者是在策划什么。

（3）当谈判陷入僵局，对方不停地敲烟灰时，如果对方是新手，则可能表现出紧张；如果对方是资深谈判家，则可能表现出他 / 她在策划一些阴谋，或隐藏自己的阴谋。

（4）如果双方点燃一支烟，但几乎不吸烟，这表明了一种强烈的警惕或极度紧张的状态；但是心不在焉也会导致这种行为。

（5）熄灭新点燃的香烟表明对方已下定决心，交易将立即完成。

（二）咳嗽或清嗓子所传达的信息

（1）准备好演讲。

（2）使不安的情绪平静下来。

（3）表示惊讶或怀疑。

（4）掩盖谎言。

（5）提醒自己所在一方注意言行。

（6）提醒对方时间。

（三）摆弄自己物件所传达的信息

（1）在一张白纸上乱涂乱画是不耐烦的象征。

（2）用手指转动笔是心不在焉的象征。

（3）反复玩打火机是不耐烦和不安的象征。

（4）合上笔记本和笔记本电脑，双手放在桌子上，四处张望，身体向后倾斜，意味着“是时候结束这一切了”。

（5）擦拭眼镜是疲劳的象征；频繁将眼镜放回原位可能是为了掩饰紧张；突然将眼镜向上推则表示愤怒或准备采取反击。

（6）频繁地看手表或（女人）照镜子，整理头发或衣服都是“现在就够了”的信号。

综上，商务谈判中使用的肢体语言主要包括面部表情（眼睛、眉毛和嘴巴）、肢体语言（上肢或下肢）以及其他能够通过非言语传达信息的行为。尽管肢体语言、手势或非言语语言在所能传达的信息量方面无法与言语交际相比，但它仍然是一种重要而有用的手段，人们可以通过它观察、分析和获取信息，从而了解对方。

第五章　商务谈判礼仪

第一节　礼仪在国际商务谈判中的作用

所谓礼仪，就是把人内心待人接物的尊敬之情，通过美好的仪表、仪式表达出来。国际商务谈判礼仪，就是国际商务谈判人员在商务活动中，为了塑造个人或者企业的良好形象，而应当遵循的对交往对象表示尊敬与友好的规范或程序，也可以说是在国际商务谈判中应遵守的交往艺术。在国际商务谈判中，遵守国际交往礼仪十分重要。谈判者的仪表、行为会直接影响谈判气氛。双方洽谈的情绪、礼仪、修养直接反映了谈判者文化素质与工作才干。良好的仪表和行为会满足谈判双方获得尊重的需要，使谈判向成功的方向迈进。

当前随着世界经济一体化进程的推进与发展，各国间的商务沟通与交流也得到了突飞猛进的发展。各国从事商务活动的商业人士，均有与外国人打交道的可能，因为不了解国际商务礼仪，不了解不同的民族、国家和地区文化差异造成的风俗习惯以及礼仪礼节上的差异，在国际商务活动中引起误会、摩擦、冲突的失败案例也比比皆是。因此，只有掌握国际通用的商务礼仪与礼节常识，通识各国特有的风俗文化、民族习惯，才能有效地进行国际的沟通、合作与交流，实现互利双赢、共同发展。

在国际商务谈判中，礼仪具有重要的作用。学习并掌握好谈判过程中的礼仪，对于提升谈判者的个人形象、职业形象、组织形象以及国家形象，推进谈判的顺利进行，都有着非常重要的作用。

一、商务礼仪与个人形象

在国际商务谈判中,每一名商务人员的个人形象,如同他们公司生产的产品、提供的服务一样重要。它不仅真实地反映谈判人员本人的教养、阅历以及是否训练有素,而且还准确地体现着其所在公司的管理水平与服务质量。谈判人员良好的个人形象,往往也与谈判能否顺利地推进有着密切的联系。

所以,每一个谈判人员都会想方设法在谈判中塑造出完美的形象,并尽心竭力地维护个人的形象。这就需要在谈判的过程中,学习并掌握好商务礼仪,遵守商务礼仪,更好地提升自己的个人形象。遵守商务礼仪可以给人留下良好的第一印象;可以充分展示商务谈判人员良好的教养与优雅的风度;可以更好地向谈判对手表示尊敬友好之意,赢得对方的好感,推进谈判的顺利进行。

二、商务礼仪与职业形象

职业形象是行业或组织的精神以及文化理念与从业人员个体形象的有机融合,是个性化和规范化的统一。职业形象是个体形象与组织形象的完美组合,不同行业的从业人员,其个体形象必须符合某类特定职业角色的要求。在国际商务谈判中,良好的职业形象,可以赢得对手的认同和尊重,有利于谈判目标的达成。

作为商务谈判人员,应该树立起与国际商务谈判相适应的职业理想、职业道德、职业信念,应该具备与行业要求相吻合的职业素质、职业气质和职业仪表。商务礼仪的本质就是按照规范与人交往。良好的礼仪可以更好地向对方展示自己的长处和优势,可以赢得对手的认同和尊重,有助于提高自己的素质,树立良好的职业形象。

三、商务礼仪与组织形象

在国际商务谈判与合作中,组织形象是企业最为宝贵的无形资产,塑造和树立良好的组织形象也是企业生存和发展的根本。组织形象是指社会公众心目中对一个组织机构的总体评价,包括组织的价值观念、组织的行为标准和规范、组织的传统习惯和道德修养、组织的礼仪文化。在国际商务谈判中,良好的组织形象可以提升企业的实力,在谈判中增强对方对己方的信赖度,有利于把握谈判的主动权,取得谈判的成功。

商务礼仪是组织形象的核心内容之一。商务人员的个人形象与企业的组织形象也是紧密联系的。在国际商务谈判中,商务礼仪不仅仅是个人素质的外在表现,更是企业文化内涵的体现。形式规范的礼仪,能体现出一个企业的整体素质,从而获得良好的公众评价。商务礼仪能展示企业的文明程度、管理风格和道德水准,塑造企业形象。从某种意义上讲,商务礼仪已经成为建立企业文化和现代企业制度的一个重要方面。

四、商务礼仪与国家形象

一个国家的公民道德素质、文明礼仪涉及国家的对外信用,影响整个国家的对外形象。所以,在国际商务谈判中,商务谈判人员的一言一行、一举一动,无不代表了国家的形象。良好的礼仪习惯,不仅能提升个人及企业形象,赢得对方的尊重,推进谈判的顺利进行,也能提升国家的整体形象,为国际交流与合作赢得更多的机会。

个人形象、职业形象、组织形象、国家形象是相互联系、相互促进的,只有遵循良好的商务礼仪,才能在各个方面都得到一个有效的提升,在国际商务谈判中处于优势地位,赢得谈判预期的利益目标。

第二节　国际商务谈判礼仪

一、国际商务谈判礼仪的基本原则

(一)信守时约

诚信是国际商务谈判中的重要礼仪原则。诚信在国际商务谈判中的表现主要有:守约和守时。守约,即说话要算数,按约定办事。在国际商务谈判时要慎重地做出承诺,三思而后行,并量力而为,不要草率行事,信口开河。对于已经做出的约定,务必认真遵守。做到“言必行,行必果”，以塑造良好的形象和对外信誉。守时，即在国际商务谈判中必须遵守时间，要有很强的时间观念，不能无故迟到甚至不到。不守时、不守约是极不礼貌的行为。

（二）入乡随俗

世界上各个国家和民族在长期的历史发展过程中，都形成了一些本国和本民族独特的文化、风俗和习惯。“入乡随俗”就是对对方特有的习俗加以了解、尊重并遵从。在国际商务谈判中，入乡随俗的礼仪习惯更容易增进双方的理解，也是向对方表达友善友好以及尊重的最佳方式。

（三）尊重为本

礼仪的核心是尊重。在国际商务谈判中，更要强调以尊重为本。尊重包括两方面的内容：尊重他人和尊重自己。

首先，尊重他人是基本要求，无论谈判的对手是什么地方的人，所有的谈判者都应以自己所在的社会文化为背景，通过礼仪的形式，向对方传递出尊重对方的信息，包括尊重对方的文化习俗、个人习惯偏好等。

其次，尊重自己就是指在国际商务谈判中要懂得自尊自爱、不卑不亢，这样才能获得对方的尊重，获得谈判的话语权。这就要求谈判者在谈判过程中，言行规范、行为举止落落大方，用规范的礼貌用语及行为举止表达对对方的尊重和己方的谈判诚意。在国际商务谈判中，谈判者的行为不仅仅代表自己所在的企业和部门，还代表着自己的国家和民族。因此，在谈判对手面前不能表现得畏惧自卑、低三下四、过分谦虚，也不能表现得高傲自大、放肆嚣张，更不能弄虚作假、损毁商业信誉。

（四）以右为尊

国际惯例讲究以右为大、为上、为尊，以左为小、为下、为卑。在国际商务谈判中，在与客人并排站立、行走或者就座时，为了表示主人对客人的尊重及友好之情，主人应主动居左，而请客人居右。例如，在宾主进行正式谈判时，主人往往安排来宾在自己的右侧就座；乘车时，右手的位置也是留给最尊贵的客人坐的；在排列宴会的桌位、席次时，同样必须应用“以右为尊”的原则。在宴会厅内摆放圆桌时，通常应以“面对正门”的方法进行具体定位。如果只设两桌，一般以宴会厅内面对正门时居于右侧的那一桌为主桌。如果需要多桌时，则在宴会厅内面对正门时位于主桌右侧的桌次，就被视为高于位于主桌左侧的桌次。

二、国际商务谈判的服饰礼仪

服饰是指人在服装上的装饰。穿着打扮是人类生存的基本要素，也是人体外在形象的重要组成部分。服饰是形成谈判者良好的个人形象的必备要素。

服饰功能包括自然功能和社会功能。自然功能是指服饰的自然属性，即人类出于保护自身的需要，要求服装能遮阳防雨、抵御寒冷等。社会功能是指在自然功能的基础上所产生的社会效益。民族、性别、习惯、年龄等差异使人们在服饰上也有很大区别。

在国际商务谈判中，服饰的颜色、样式及搭配合适与否，对谈判人员的精神面貌、带给对方的第一印象和感觉都将带来一定的影响。

（一）服饰要庄重、大方、优雅、得体

谈判者应根据自身的气质、体形特点选择适宜的着装，而凡是最适合自身特点的服饰，一定是最美和最优雅的。从服饰的样式来看，尽管世界各民族的服饰各有千秋、式样繁多，但男士西装和女式西式套装已成为谈判桌上普遍认可的着装。

在国际商务谈判的场合，谈判者应选择黑色、深蓝色、灰色和深褐色的单色服装，这些颜色会带给谈判对手稳重、成熟、严谨的可信任感。

男士西装分为简易西装和精制西装两类，前者穿着要求比较随意，而后者穿着确有一定的讲究。精制西装在穿着时应符合规定的制式：上衣、西装背心和长裤必须用同一种面料裁制，穿着时不可内套毛衣和外现其他内衣，不可卷袖和翻袖，应佩戴领带或领结，同时应配穿颜色款式协调的皮鞋，不可穿旅游鞋和运动鞋。

在冬、春、秋季进行谈判时，女性以着西装，特别是西装套裙为佳，但在一般性的会谈中，女性可穿着毛衣套装，外配风衣或大衣。在夏季，女性着装也应以西装套裙为主，但也可着连衣裙或长、短袖衬衫配西裙或西裤。女装注意不可以暴露，不可以透明，不可以超短，也不要过长。内衣更不可以外现，吊带装不能出现在谈判桌前。穿裙装时吊袜带、袜

口不能暴露在外，一定要穿长筒丝袜。袜子的色彩和纹路不可鲜艳夺目，不可穿网眼款式，一般以黑色、肉色、浅灰和无色为主，袜子不可走丝或残破。在进行正式国际商务谈判时，女士所穿鞋帽需色泽款式协调，最好不穿凉鞋，特别是无后带凉鞋。

（二）服饰要符合身份、个性、体形

国际商务谈判工作者的穿衣打扮应具有一定的个性，要针对自己在谈判桌前的身份和自身的特点，包括性别、年龄、性格、职务等，确定服装的式样和色彩的搭配。

人的身材有高低之分，体形有胖瘦之别，肤色有深浅之差。人的穿着应因人而异，扬长避短，藏拙显慧。换言之，体胖或身形高大者应选择冷色调，体瘦或矮小者宜选择暖色调，颈短者应选择低领装，瘦削者不宜选择过于宽大的服装。

（三）服饰颜色的选择

服饰的颜色不宜过于单调，而应在某一色调的基础上求得变化。配色不要太杂，一般不能超过三种颜色。

黑色象征庄重，黑色的西装配上白色的衬衫会给人潇洒大方的感觉。

白色象征纯洁、素雅和洁净，给人以端庄的感觉。

灰色象征文静、朴素、含蓄，给人以谦虚、平和的感觉。

咖啡色象征浑厚、高贵，给人以力量、尊严的感觉。

蓝色象征安静、理智，给人以愉悦、智慧的感觉。

（四）仪容要求

主要包括发型、首饰、化妆、香水的选用，以及个人卫生等。谈判人员的发型要经过修整，发式要大方得体，不可追求过分时尚华丽，发丝要保持清洁无头屑，不粘连。眼镜大小要不夸张，镜框要清洁，不可佩戴有镜链的眼镜，口腔要卫生，忌吃洋葱和大蒜，指甲要保持清洁，男士胡须应经常修整，在公众场合不可嚼口香糖。女性适当地佩戴首饰，应尽量避免佩戴制作粗糙的首饰；首饰的款式不应夸张，以少为佳，画龙点睛；首饰色泽应与服饰协调，质地相同，色彩一致；合乎惯例：戒指佩戴在左手，一般只应佩戴一枚，手链可同时佩戴，但戴在右手说明主人未婚，如佩戴左手则说明名花有主；不可佩戴有特殊忌讳，特别是不能佩戴侵犯谈判对方民俗禁忌的首饰。适度的化妆是尊敬对方的表现，但在国际贸易活动中，化妆不宜过浓，粉饰不易过厚，口红不宜过艳，眼影不宜过深，尤其不可使用浓香型化妆品。香水一般在四个部位使用：两手腕的脉动部位；下巴以下；耳根以后；裙装之内。在国际贸易谈判过程中，女性切忌在众人面前照镜子和补装，这是不尊重他人的表现。

三、国际贸易谈判双方馈赠礼品礼仪

谈判人员在相互交往中馈赠礼品，除表示友好、增进友谊和今后不断联络感情的愿望外，更主要的是表示对此次合作成功的祝贺和对再次合作的促进。因此，为表达心意针对不同对象选择礼品，就成为一门敏感性、寓意性很强的艺术。

选择礼品的主要依据是对方的习俗和文化素养。谈判人员的文化背景不同，偏好和要求就会有所差异。比如，包括美国、英国、加拿大、澳大利亚等国在内的西方国家的谈判人员通常是不在贸易活动中赠送礼品的，但是在日本，赠送礼物则是建立和保持业务关系的重要因素之一。因此，馈赠礼品需要注意以下问题。

(一)礼物价值不宜过高

礼物的价值不宜过高，但一定要特色鲜明。比如在美国，一般的贸易性礼物的价值通常在25美元左右，而亚洲、非洲、拉美和中东等国家的客商则往往比较看重礼物的货币价值。

(二)要注重对方的习俗和文化背景

谈判人员由于所属国家、地区间有较大差异，文化背景有所不同，爱好与要求必然存在差异。

在阿拉伯国家，伊斯兰教禁酒，不能以酒作为馈赠礼品；禁止偶像崇拜，最好不要赠送带有人像和动物画片的图书或年历。

在英国，人们普遍讨厌有送礼人单位或公司标记的礼品；白色的百合花象征死亡，菊花只用于葬礼，其他花可送人。

在意大利，赠送礼物的同时也在赠送快乐和愉悦，如塞满巧克力的糖桶、装潢精美的古典名著等，都是很好的选择。

在法国，康乃馨被认为是不祥的象征，只有在出席葬礼时才采用。

在日本，菊花是皇室专用花，普通人不得乱用；荷花是不祥之物，只在祭奠时才会出现。

在俄罗斯，给女主人只送红玫瑰，但数目不可为3，我国一向以偶数表示吉祥，而日本人却以奇数表示吉祥，西方人忌讳13这个数，日本和韩国忌讳4这个数，因此无论是赠送鲜花还是水果都应注意数字。

（三）礼物的选择

选择礼物时，既要尊重对方的风俗习惯和偏好，又要突出中国的民族特色，并有一定的纪念意义，比如传统工艺品。有时，过于贵重的礼物反而会给对方带来有求于对方，或产品本身可能存在缺陷的印象，结果会适得其反。

根据调查，外国客商大多喜欢我国以下礼品：

—景泰蓝礼品。景泰蓝是我国传统工艺的杰出代表，用它制作的纪念品种类繁多，受到外国朋友的普遍欢迎。

—玉佩。玉本身充满了神秘的东方色彩，我国的吉祥如意护身符更是如此。外国友人对玉的偏好以色泽温润、明光通透为佳，带有太极、八卦、汉字等图案的玉制品深受外国友人的喜爱。

—具有我国传统风格或印有汉字的服饰。这类礼品最受外国朋友，特别是年轻朋友的偏爱。

—绣品。在我国各种刺绣礼品中，苏绣、湘绣受到普遍欢迎。

—水墨字画、竹制工艺品。

（四）礼物的包装

在选择好上述礼品后，要打好包装。在包装前，必须取下价格牌，否则是失礼的表现。这与我们有些国人在日常生活中的习惯是完全不同的，因为礼物价值过高，往往会产生贿赂的嫌疑，引起对方不必要的疑虑，从而对谈判结果带来不必要的负面影响。

（五）收受礼品的礼仪

除了要经常向对方赠送礼品表示友好之外，贸易谈判人员也会经常遇到对方向我方赠送礼品的情况。对于赠送的礼品是否能够接受，要做到心中有数，因为如果你接受了一件礼物，就容易失去对某些事物或进程的控制。国际贸易谈判中，接受礼物必须符合国家和企业的有关规定和纪律。

国际贸易谈判工作者必须牢记自己是企业、国家的代表，而不是个人行为。当对方所送礼品不能接受时，应说明情况并致谢。除中日两国外，对欧美客商一定要当面亲自拆开礼品包装，并表示欣赏、真诚接受和道谢。受礼后的还礼可以是实物，一般为对方礼物价值的1/2。也可以在适当时候提及，表示“不忘”和再次感谢对方。

四、国际商务谈判中的迎送礼仪

迎来送往是常见的社交活动。在谈判中，对前来参加谈判的人员，要视其身份和地位以及谈判的性质和双方的关系等，综合考虑安排。对方应邀谈判人员抵达和离开时，要安排相应身份的人员前往迎送。迎送礼仪方面的要求如下。

（一）确定迎送规格

迎送规格依据前来谈判人员的身份和目的确定，适当考虑双方的关系，同时应注意惯例。主要迎送人的身份和地位通常都要与来者相距不大，以对口、对等为宜。当事人因故不能出面，可灵活变通，由职位相当人士或副职代替，但须向对方做出解释。通常迎送人员不宜过多。有时，从发展双方关系或其他需要出发，破格接待也是可以的，但若非有特殊需要，一般都按常规办理。

（二）掌握抵达和离开的时间

必须准确掌握对方谈判人员乘坐的交通工具抵达和离开的时间，尽早通知有关单位和全体迎送人员。如有变化，及时告知。做到既顺利接送来客，又不过多耽误迎送人员的时间。迎接时，应在来客抵达之前等候；送行时，应在客人登机（车、船）前到达。

（三）乘车与住宿安排

要安排好来宾的乘车住宿问题。在来宾尚未启程前应与来宾联系是否需要代其预订酒店住宿，要根据来宾及送迎人员的数量以及行李的数量安排车辆。如果来宾的人数较多，应提前与酒店联系，做好房间钥匙卡、行李等相关事项的衔接协调工作，事先排定好乘车顺序及酒店住房号，并做成表格，提前告知相关人员，以保障接送的顺畅进行，这样既能节约时间，也能方便宾客间的相互联系。

（四）介绍与陪车

通常先将前来欢迎的人员介绍给来客，可由工作人员或欢迎人员中身份较高者介绍。由于客人初到，常会比较拘谨，所以主人宜主动与客人寒暄。应请客人坐在主人的右侧。如有翻译，请其坐在司机旁边。上车时，最好请客人从右侧车门上车，主人从左侧车门上车，避免客人从膝前穿过。如果客人先上车坐到了主人的位置上，切忌不要让客人再移位。

（五）设宴招待

当客人安顿好之后，按中国传统习惯，就要为客人"洗尘"，或叫"接风"。其实洗尘也好，接风也罢，其真正意义在于互相认识和联络感情，因此，安排宴会接待首次来访客人，既要隆重又不要过分奢华。宴会地点最好不在客人下榻之处，因为客人自己大多数时间会在此就餐。既然下榻于此，这里就是客人临时的家，试想，岂有在客人家里招待客人之理？

宴会地点确定之后，要及时知会客商，并派车前往迎接（主人则在宴会厅迎候）。餐前可在休息厅稍事叙谈，以茶待客，然后入席。

有宴会多有祝酒。言简意赅的祝酒词会收到很好的效果，比如说几句欢迎来访，赞颂彼此间友谊和该国伟大历史或成就之类的话。祝酒词最好是即席发言，不要长篇大论。有些主人喜欢引经据典，不可否认这体现了主人的博学广识，但如果考虑到翻译可能会打折扣以及语言习惯之差异，还是少一些为好。席间交谈，要照顾到左右客人，不要顾此失彼，多谈一些增加彼此了解和相互感兴趣的话题，尽量不谈业务，也不要谈政治上敏感的话题，方便时将话题引向日程安排。如无异议，在餐后将日程打印好尽快地送给客人。

（六）其他

—迎送身份高的客人，事先在迎送地安排贵宾休息室，准备饮料。

—指派专人协助办理出入境手续及票务、行李托运等手续。及时把客人的行李送往住地，以便其更衣。

—客人抵达住地后，一般不要马上安排活动，应稍作休息，起码给对方留下沐浴更衣时间。只谈翌日计划，以后的日程安排择时再谈。

—多头接待要做好协调工作，规格要相差不大，活动不能重复，更不能脱节。

五、国际商务谈判的会见礼仪

（一）见面礼节

国际商务谈判者初见面，可以采用握手、拥抱、鞠躬礼、合十礼等礼节。

握手是大多数国家相互见面和离别时最常见、使用最普遍的礼节。西方人通常是在经人介绍与别人相识时才握手。握手时，双方各自伸出自己的右手，彼此之间保持一步的距离，手掌略向前下方或竖直伸出，四指并拢，拇指张开，手臂弯曲，与对方相握。握手时间不宜超过3秒钟。若相识的对方是妇女、年长者、职位高者，则应尊重对方意愿，不主动伸手。宾主之间，主人有向客人先伸手的义务，在机场或宾馆接待外宾，不管对方是男是女，主人应先伸手。握手要有适当力度，太轻会使人感到冷淡，太重会使人觉得粗鲁。男士与女士握手可轻些，不要握满全手，只握其手指部位即可。握手时男士应脱去手套，女士除遇地位高的人外，一般不用脱手套。握手时忌用左手握手，忌站在门口一脚门里，一脚门外。多人同时握手时注意不要交叉，可等别人握完再伸手。

拥抱是欧美、中东及南美洲国家常见的熟人和朋友间的一种亲密礼节，有时与接吻礼同时进行。拥抱的方法是右手扶住对方左后肩，左手扶在对方右后腰，以“左右左”交替的方式进行。一般礼节性的拥抱多用于同性之间。

鞠躬礼一般通行于日本、朝鲜、韩国等东方国家，欧美国家较少采用。行鞠躬礼时需脱帽，呈立正姿势，两眼注视对方，上身前倾 15°，而后恢复原状并致问候。

合十礼盛行于信奉佛教的南亚、东南亚国家。行礼时，两只手掌在胸前对合并微微上举，同时头微向前俯下。在对外交往中，当对方以这种礼节致礼，我方也应以合十还礼，但要注意合十的同时不要点头。

（二）寒暄与称呼问候

寒暄是谈判双方进行顺利洽谈与磋商的前提。寒暄要积极认真，争取主动，迅速调动自己的情绪，表现出与对方交往的愿望和真诚；寒暄时要善于选择话题，互致问候，注意场合，讲究方式。寒暄时，谈判者可以根据不同的环境、场合、对象进行问候式寒暄；亦可根据对方的容颜、精神状态、衣着和发式等进行适当的赞扬式寒暄；还可以谈谈天气、交通、体育赛事等其他的寒暄方式，以打破尴尬的局面，引出话题。寒暄要尊重各地的文化及风俗习惯，切忌提出不合对方特定的风俗习惯以及文化的内容。

在国际商务谈判中问候语言的应用既应表示尊重，显示亲切，也应充分表现出说话者良好的风度和教养。如果是初次跟对方见面，问候语言与寒暄语言没有区别。在国际商务谈判中经常使用的“您好”既可用作问候，也可用作寒暄。在国际商务谈判中，正确清楚地道出每个人的姓名和头衔是能否进行顺利交流的第一步。如果不注意，张冠李戴或称呼错误，就会引起对方反感，甚至会危及谈判的顺利进行。不同国家、民族因其语言、风俗习惯不同，反映在称呼方面也有不同的礼节。按照国际惯例，一般对男子称“先生”，对已婚女子称“夫人”，对未婚女子称“小姐”，对于难以判断是否结婚的女子可称之为“女士”。这些称呼均可以冠以姓名、职称、职务等。当然称呼习惯根据地方及民族的不同也是各不相同的，谈判时要提前熟知，以免出现失礼的情况。例如，对英国人不能单独称其“先生”，要称“某某先生”；美国人比较随便，容易亲近，很快就可直呼其名；德国人更乐于对方称呼他们的职衔……

(三)介绍礼仪

在国际商务谈判中,经常会结识一些新的对手及伙伴,介绍就成了国际商务谈判活动中必不可少的环节,介绍分为自我介绍和第三方介绍两种。

自我介绍是指在必要的情况下,自己担任介绍的主角,主动向他人介绍自己,以使其他人认识自己的行为,是国际商务活动及人际交往中常用的一种介绍方式,是在必要的情况下十分有效的沟通途径。进行自我介绍时,应先向对方点头致意,善于用眼神表达自己的友善,表达关心以及沟通的愿望,得到回应后再向对方介绍自己。如果有介绍人在场,应由介绍人进行介绍,此时进行自我介绍就会被视为不礼貌的行为。进行自我介绍时,要镇定自如、落落大方、彬彬有礼,语气要自然,语音要清晰,语速要适中,要简洁、清晰、自信,态度一定要自然、友善、亲切、随和。在进行自我介绍时,也可以利用名片加以辅助。

第三方介绍也称他人介绍,通常是指由第三方人员为彼此素不相识的双方相互介绍、引见的一种介绍方法。为他人做介绍的第三方为介绍者,被介绍的双方为被介绍者。在国际商务谈判中,一般由东道主方的礼宾人员或谈判方的负责人作为介绍人将相关人员介绍给对方。介绍人做介绍时,应按一定的顺序进行介绍。核心原则是:位尊者有率先知情权,也就是说做介绍时,应先将位卑者介绍给位尊者认识,再介绍位尊者给位卑者。当替主客双方进行介绍时,要先介绍主人一方,再介绍来宾一方,以表示对客人的尊敬。

在国际商务谈判等商务场合,一般以社会地位和职位的高低作为介绍礼仪的衡量标准,应先将职位低者介绍给职位高者。同职位的情况下,先将晚辈介绍给长辈认识,以表示对高位者和年长者的尊敬。在为年龄相当的同职位的男女做介绍时,应先将男士介绍给女士。

(四)名片交换

在不同国家,名片交换的重要程度不同。国际贸易谈判中,应根据有关国家的礼仪来决定名片如何交换。当然,无论采用何种方法,名片的交换都是有利于加深双方的了解的。

在设计和交换名片时,应注意以下几点。

—设计有两种语言的名片

设计一面是中文,另一面是英文或东道主国家语言的名片。在名片上,应标有职务和头衔,这种头衔有利于对方给你以恰当的礼遇。头衔在许多国家是非常重要的。

—把名片放在自己口袋里或公文包内,以便随时取用

名片应保持完整无损,并放在一个精致的名片盒或袋内。同时,要带足够的名片,因为有时可能见面人数较多,交换名片时必须保证每人一张,少了是比较尴尬的。

—了解递交名片的场所与时机

在美国和澳洲,交换名片比较随意,有时甚至不需要交换。但在有些国家,交换名片则显得比较正式隆重。

在日本,交换名片是在鞠躬和自我介绍后进行的,客人先递交名片。如果你是被介绍者,则递交名片必须在被介绍之后进行。

在阿拉伯国家,名片交换一般是在会面后进行,有时也在握手时交换名片。

在葡萄牙,名片交换是在见面后立即进行。

在丹麦,名片交换是在见面开始时进行。

在荷兰和意大利,通常是在第一次见面时递交名片。

在社交活动场合,不宜递交名片或要求赠送名片。

—熟悉递交名片的方式

递交名片时,应把英文或东道主国家文字的那一面朝上,把中文的那一面朝下。

在中东、东南亚和非洲国家,应用右手递交名片,因为印度、印尼、马里等一些用手抓饭的国家认为右手是干净的,而左手则是不干净的。

在日本和新加坡,应用双手递交名片。

—懂得如何接受名片

当接到名片时,应说一声“谢谢”或点头微笑,同时对名片加以研究,切记不能玩弄名片。在认真阅读后,郑重地将名片放入自己的名片盒内或夹到文件上,不要在接到名片后一眼未看,就随便放入口袋中,这是十分失礼的。

如参加会谈时接到的名片较多,可将名片在桌上摊开,并将名片与人对号,会谈结束时再将名片收起放好。

六、国际商务谈判的交谈礼仪

交谈过程是双方直接接触的过程，因而谈判人员的言谈举止显得极为重要。会谈中的礼仪也主要表现在语言中和行为上。

（一）交谈中姿态

姿态礼仪也就是在谈判中应保持优雅的坐、立、行的姿势。“坐如钟、站如松、行如风”的要求应得到很好的体现。在坐姿上应保持端正挺直，靠近谈判桌而坐，注意不要盘腿跷脚。如果是坐在沙发上谈，更要注意保持上身挺直，不要半倚半躺显得懒散无礼。坐时要双手扶在把手上或双手扶在腿上，两腿应并拢，尤其是女士。

正确的站立姿势应当挺拔严谨而又轻松自然，因此一般可两腿站开，相距一肩宽，双手相握放在两腿间或背着放在背后。站立时最好不要让身子歪靠一旁，也不要半靠在桌子或椅子背上。

无论在谈判中间还是外出活动时，走路都应轻快、敏捷、有力，给人以健康、精神焕发的印象。保持端正姿势会给人庄重、沉稳、可以信赖的感觉。行走时应避免与伙伴勾肩搭背，那样会显得过于轻薄、庸俗。

（二）交谈时距离

会谈时双方间隔的距离往往受谈判进度的影响。就一般性问题交换意见时，谈判者往往会清醒而理智地保持一定距离，但是当人们就某问题开始激烈争论时，会不由自主地把身体前倾以缩短距离；当话题出现转机时，双方也会情不自禁互相靠近。

到某国去访问谈判时应了解当地人民交谈时的习惯距离并注意保持，否则若你保持的距离大于当地习惯时会被认为态度冷淡，若距离小于当地习惯时又会引起对方不愉快。

（三）交谈时态度

交谈时的态度从另一方面直接反映出谈判者的修养及谈判技巧。作为优秀的谈判人员在谈判过程中无论出现什么问题，都能以谦虚、热情、诚恳的态度对待谈判对手，从而促进谈判进展，这种态度具体表现为在别人讲话时注意倾听,直视对方而不是左顾右盼,做出不耐烦的样子。选择合适的机会发表自己的意见,不随便打断别人谈话。自己讲话时,要表情自然,态度和气,表现得体。

(四)交谈内容

谈判中与人们进行交往,应注意交谈内容的适当得体。因此,大家都应谈些轻松愉快的话题,谈论一些公开的无关紧要的事情,谈话中要注意不要涉及政治及宗教问题,对于对方不愿回答的问题,也别再寻根问底,而是应当立即转变话题。

(五)交谈中涉及的其他礼节

—不要贸然打扰他人。在其他人谈话而你要加入时,要先打个招呼。当别人私下交谈时,不要感兴趣地私下旁听。如有事需要与某人交谈而他又与别人进行谈话时,应耐心地等他谈完。

—不要冷落他人。当有人主动与自己交谈时应表现出欢迎并感兴趣的态度,如果在谈话过程中自己有急事需要处理,则要先向其他人打招呼表示歉意。当在一个交谈现场中有了三位以上人时,应不时地与所有在场人员交谈几句。

—不要引起尴尬局面。在公众场合交谈时,不应高声辩论,过多纠缠,更不能恶语伤人。当几位女士一起谈话时,男子一般不可加入。异性间个别交谈如果无休止地持续下去会引起他人的反感。男子与女士谈话应当谦让、谨慎,不随便开玩笑,不进行无谓争论。

七、国际商务谈判的签约礼仪

签约仪式虽然往往时间不长,也不像举办宴会那样涉及许多方面的工作,但由于牵涉各方关系,同时往往是谈判成功的标志,有时甚至是历史转折的里程碑,因此一定要认真筹办,一丝不苟。

(一)人员确定

签字人应视文件的性质由缔约各方确定,双方签约人的身份应大体相当。

出席签字仪式的人员，应基本上是参加谈判的全体人员。如果因某种需要一方要求让某些未参加会谈的人员出席，另一方应予以同意。双方出席人数应大体相等。

（二）必要的准备工作

首先是签字文本的准备，有关单位应及早做好文本的定稿、翻译、校对、印刷、装订、盖火漆印等项工作，同时准备好签约使用的文具、国旗等物品。

（三）签字厅的布置

由于签字的种类不同，各国的风俗习惯不同，因而签约仪式的安排和签字厅的布置也各不相同。

在我国，一般在签字厅内设置一张长方桌作为签字桌。桌面覆盖深绿色台呢，桌后放置两把椅子，作为双方签字人的座位，面对正门主左客右。座前摆放各自的文本，文本上端分别放置签字的工具。签字桌中央要摆放一个悬挂双方各自国家国旗的旗架。

（四）签字仪式的程序

双方参加签字仪式的人员进入签字厅后，签字人入座，其他人员分主方和客方按身份顺序排列于各方的签字人员座位之后。双方的助签人员分别站立在各自签字人员的外侧，协助翻揭文本及指明签字处。在签完本国本企业保存的文本后，由助签人员互相传递文本，再在对方保存的文本上签字，然后由双方签字人交换文本，相互握手。有时签字后，备有香槟酒，共同举杯庆贺。

实践篇

第六章　国际商务谈判课程定位

《国际商务谈判》是商务英语专业的专业能力拓展课程，属于应用科学的范畴。对于商务英语专业和国际贸易专业的学生来说，国际贸易、经济学、国际营销、国际商务谈判等课程，均属于专业核心课程。

第一节　课程的性质

对于商务英语专业大三的学生来说，在完成了国际贸易相关知识的学习之后，开设《国际商务谈判》课程，从贸易人员的实际出发，以国际贸易知识为依据，融汇科技、政治、经济管理、财政金融、跨文化交际理论、社会心理学以及营销、知识产权等与国际贸易相关的知识为一体，以国际商务谈判程序为线索，系统学习商务谈判的基础理论知识，了解谈判的基本技能，并且结合理论知识的学习，让学生实际进行案例分析，制订谈判计划，实施模拟谈判等实践活动，使学生把抽象的理论概念融入实际的贸易活动中，使相关的专业基础课和专业技能课在实践应用中得到加强、巩固、综合和提高，使学生所学理论和实践活动有机结合，是从事国际贸易工作的一门必修课程。

《国际商务谈判》以进出口贸易操作、外贸跟单实务、经济学原理、国际商法等课程的学习为基础，同时与商务英语口译、电子商务操作、外贸函电处理等课程并列，共同构成专业方向课程体系。

通过本课程的教学活动，使学生掌握商务谈判的一般原理、原则、商务谈判方案的制定、商务谈判的策略及技巧以及四大类型的贸易谈判（合资合作、产品贸易、服务贸易、技术贸易）等。由于该课程的实践性、实用性、艺术性、可操作性极强，因此，在课堂教学中，始终离不开实践教学，学生在课程的学习过程中需要综合运用所学理论和贸易知识，参与到教学活动中。

一、谈判的本质

要想正确理解谈判课程的性质和地位，首先要弄清楚谈判的本质。很多人对谈判有着错误的认识，他们认为谈判课类同于演讲或者辩论，或者认为，谈判就是讨价还价。

要弄清楚谈判到底是什么，首先，要清楚谈判产生的原因。在日常生活中谈判时时会出现。比如，朋友们通过谈判来决定去哪里吃饭，孩子们通过协商来决定看哪个电视节目。企业通过谈判采购原材料和销售产品、律师在上法庭前通过谈判来解决法律纠纷、警察与恐怖分子谈判来解救人质、各国通过谈判开放边界以实现自由贸易等。

谈判不是一个只有熟练的外交官、销售人员，或者热心的倡导者参与的有组织的游说过程，而是每个人几乎每天都做的事情。尽管利害关系通常不像和平协议或大公司合并那样引人注目，但是，每个人都在谈判，有时候，人们为了重要的事情谈判，比如一份新的工作；有时为了生活小事而谈判，比如谁来洗碗。

谈判有以下几个原因：（1）为如何分享或划分有限的资源（例如土地、财产或时间）达成一致协议；（2）为创造出谈判任何一方都无法独自完成的新事物；（3）为解决谈判各方之间的问题或纠纷。

对于大多数人而言，谈判与讨价还价意思相同；然而，这两个词在国际商务谈判中有着巨大的差异。讨价还价通常用来描述竞争性的输赢情形，例如，发生在家庭旧货市场、跳蚤市场或者二手车市场的讨价还价；而“谈判”则用来描述双赢的情形，比如双方都试图寻求相互均可接受的对复杂冲突的解决方案的时候。

因此，谈判不是演讲，不是靠一方充满激情的蛊惑或者宣讲，就能达成协议或者解决冲突，也不是辩论，通过引经据典，用伶俐的语言就能迫使对方让步，更不是简单的讨价还价，而是站在对方立场上，对双方所面对的冲突或者难题进行创造性解决的过程。

二、谈判情形的特征

致力于研究谈判学的人都认为，所有的谈判情形都存在共性。

两方或多方参与的谈判——即两个或多个个体、团体或组织。我们把谈判看作个人之间、团体之内或者团体之间的一个交换意见的过程。两方或多方谈判者之间存在需求和愿望的冲突——即一方所想要的不是其他方所必需的——谈判者之间必须寻求一种方法以解决冲突。谈判各方之所以选择谈判，是因为他们认为通过谈判可以取得比另一方主动给予他们或让他们享有的更好的交易成果。因此，谈判是一个自愿选择的过程。

在谈判中，谈判双方都期待对方会对其公开表述的要求或者需求做出某种程度上的修改或让步，而这个“让步”过程，对谈判本身的定义而言是根本的。贸易双方在发生冲突时，宁愿选择谈判并寻求达成一致协议，而非公然斗争让一方屈服，相互间永久性中断联系，或者把他们的争议诉诸仲裁或诉讼。由此而言，影响谈判的因素有两个，一个是有形因素，如价格或者协议条款，而另一个为无形因素，如潜在的心理动机。

无形的因素会影响我们解决有形问题时对于公平、权力以及问题的适宜性的判断，因为无形因素是根植在我们的价值观和情感之中的。当一方在谈判中把有形因素当作重心，而忽略了影响决定的无形因素时，谈判就会失败。

（一）相互依存

谈判的重要特点之一是谈判各方之间为达到自身首选目标或结果的相互需要。也就是说，谈判双方必须相互协调以实现自己的目标，或者合作共事获得更好的结果。当谈判方依赖于对方而达成自身首选结果时，他们就是相互依赖的。

谈判者之间的关系一般有三种：独立的、完全依赖的或者相互依赖的。相互依赖的各方，以互锁商务目标为特点——即谈判各方需要彼此合作完成他们的目标。

谈判的过程和结果受到谈判目标间的相互依赖和谈判情形的结构的影响。当两个或者多个人目标相互连接而只有一人才能达成目标时，例如体育竞赛这种竞争性的情形，被认为是对立的情况，其中，“人们联系在一起一致在他们的目标的完成之间存在一种消极的相互关系”。

相反地，当各方的目标都联系在一起使得一方目标的实现有助于另一方实现目标时，就是一种相互获益的情形，也认为是双赢的，在这种情形下，双方目标的完成之间存在一种积极的合作。这种合作被称为BATNA（即达成谈判协议的最佳选择），在谈判中双方应该明白他们自身以及对方的最佳选择，而最佳选择的价值总是与他在谈判中做出的决定有关。

（二）相互协调

当谈判双方相互依赖时，他们就需要寻找一种能解决他们之间差异的方案。双方都会影响对方的结果和决定，而他们自身的结果和决定同样受到对方的影响。因此，在谈判的过程中相互协调会持续影响着谈判双方，并且谈判是一个随着时间推移而推进的过程，相互之间的协调是促进谈判发展及转化的关键因素之一。

好的谈判手懂得基于自身行为和他人的反应，通过调整再调整可以把谈判推向前进。这种协调战略是建立在假设基础之上的，因此，充足的信息会有助于谈判向前推进。在谈判过程中，双方都需要对他们可以接受的解决方法的最大限度做出说明，但是，没有任何一方能够决定最佳数字应该是多少。各方需要交流信息，尽力影响对方，并且努力朝着考虑到彼此要求的解决方法的方向去，以求使双方结果都最优化。

（三）主张价值和创造价值

谈判的目的是主张价值——即为了要求回报，获得最大或者可能最大份额而做任何必要的努力（这通常是竞争谈判的特点）。

而谈判的目的是为了创造价值——即找到一种方式，使所有当事人，通过识别更多的资源，或者找到能够分享和协调利用现有资源的独特方式，实现他们的目标（这通常是合作谈判的特点）。

但是，在实际的谈判中绝大部分的谈判都是主张价值和创造价值过程的结合。理解这一点非常重要：谈判者必须能够识别使用一种以上策略方法的情形：一些主要需要对立的战略战术。谈判者在两种主要战略方法的运用上必须游刃有余，这要求谈判者不仅需要识别哪一种策略是最合适的，还必须善于运用两种策略。如果谈判者对情况的感知偏颇，那么就会误判，会把问题严重化。这样的结果就导致很多谈判人员未意识到创造价值的机会，而是把谈判问题看得过度竞争性，没有充分利用整合、创造价值的过程，使谈判得出次优结果。在最基本的层面上，相互依赖的关系的成功协调具有引向整合的潜力，所谓整合的定义即为“整体优于各部分的简单相加”。

谈判者之间的主要区别在于：(1)利益分歧。谈判者在谈判中基本不会等同地看待所有的条款。(2)谈判未来的分歧。人们在评估一件事物的价值或其未来的价值时是不同的。(3)风险规避的分歧，人们对那些他们所能承受风险的程度的假设是不同的。(4)时间偏好的差异。谈判者在时间对自身影响这一方面的看法往往是不同的。

总之，虽然利用共同的利益能创造价值，但是彼此之间的差异也可以成为创造价值的基础。谈判的核心就是探究共同的以及不同的利益从而创造价值，并且利用这种利益作为坚固长久的协议的基础。

(四)冲突

相互依存关系的一个潜在结果就是冲突。谈判双方不同的需求和对事物错误的感知和理解就会导致冲突。当双方向着同一个目标迈进，想要同一个结果时，或者双方想要的结果不同时，就会发生冲突。而谈判是解决冲突的有效方法，因此，冲突可以被定义为“强烈的差异或者反对(在不同的兴趣、观念等方面)”，也包括“兴趣理解上的分歧，或者是对各方当前愿望不能同时被达成的信念”。

冲突源于“具有相互依存关系但持有不同目标的人，在阻碍对方实现目标过程中的相互作用”。

理解冲突的一种方法就是用不同层次加以区别。冲突的四个层次通常被定义为：(1)个人内心的冲突。冲突的来源可归于矛盾发生时每个人的观念、思想、情感、价值、素质或动机倾向。(2)人与人之间的冲突。(3)团体内部的冲突。这种冲突发生在团队成员之间，会影响团队的决策能力。(4)团体之间的冲突。这一层次的冲突时常发生在团体间、组织间、民族间或者交战的国家之间。这一层次的冲突非常复杂，涉及的人很多，而这个层次的谈判也是最复杂的。

大部分的人最初都相信冲突是不好的或者是不利的，这有两方面的原因：第一，冲突是某个事物错误的、有问题的或者不利的象征；第二，冲突极大地带来了破坏性的结果。(1)竞争性的输赢目标导致了竞争性的过程。(2)当冲突变得激烈时,对事实的理解也变得歪曲。(3)随着冲突加剧,情绪将严重影响思维的理性和公正,冲突各方面可能更加不理性。(4)冲突双方沟通减少。通常冲突各方只和赞成自己意见的人沟通,而与那些反对自己意见的人联系越来越少。(5)冲突变成了一个漩涡,许多无关的问题和无辜的旁观者都被卷入其中。(6)冲突者对自己的立场固执己见。(7)扩大差异处,缩小共同点。所有使他们有区别且对立起来的因素变得突出,得到强化,而相同的因素或共性的特点则被歪曲、弱化。(8)冲突中的任何一方都会坚持自己的观点,不能容忍和接受对方的观点,双方变得容易冒犯对方而缺少沟通,并且更加情绪化,使冲突加剧。

冲突层次的升级和双方求胜的信念不断升级,以至于冲突各方失去解决冲突或者再次谈判的能力。而另外一些人采取中立立场,认为冲突既有正面影响又有负面影响。从冲突与谈判之间正反两面的特性,可以从四个方面来分析。冲突与谈判之间正、反两方面的特性如下表所示:

	正面特性	反面特性
1. 沟通		
利益	揭开	掩盖
事件	澄清	混淆
2. 创造性		
学习	促进	阻碍
创新	激励	抑制
3. 关系		
紧张	乐观	升级
满意	增加	下降
4. 结局		
获利	高	低
局面	控制	激化

(资料来源:白远,2012)

从这个角度来看,冲突并不是简单的不利或者有利,而是两方面均存在,因此,在谈判中,我们的目标并不是要消除冲突,而是学习管理冲突，从而控制负面因素分享有利的方面。所以说，谈判是一种有效管理冲突的战略。

根据《社会冲突：升级、僵局与解决》一书中，对于冲突管理所做的二维模型如下所示：

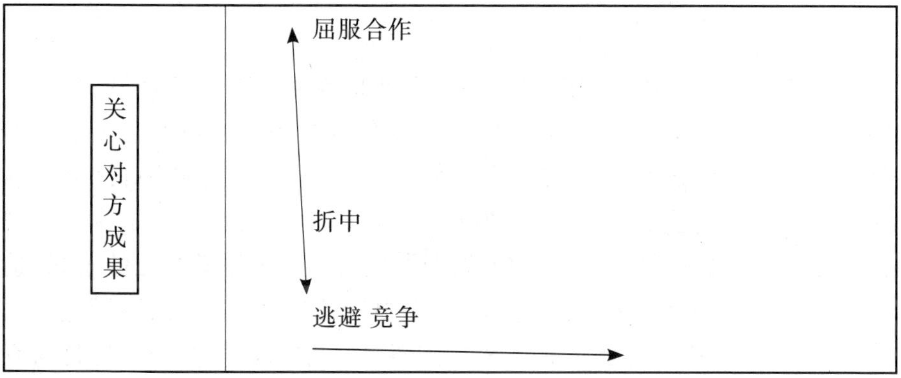

利益冲突的双方分别关心自身的成果（如图中横轴所示），也关心对方的成果（如图中纵轴所示）。这些关心可以表示为从零（漠不关心）到高（极度关心）的任何一点。纵轴通常表示过度自信的坐标。根据人们对自身成果的追求和对他人成果的关心程度归纳出五个冲突管理的主要战略。

（1）位于模型右下方的竞争战略。采用此种战略的一方维持他们自身的利益并试图劝说对方屈服。

（2）位于模型左上方的屈服战略。屈服战略包括减少自身的期望，以“让他人获胜”，并在此过程中获得自己想要得到的。

（3）位于模型左下方的不作为战略。不作为战略通常又称为逃避战略，与撤回或被动同义，当事人选择退却、沉默。

（4）位于模型右上方的是合作战略。合作战略又称为解决问题战略，在此战略中双方积极寻求方法最大化他们共同的来自冲突的成果。

（5）位于模型中间的是折中战略。折中式的冲突管理战略表示冲突者要付出一半努力来达成自己的目标，还要付出一半努力帮助对方达成目标。

事实上，冲突本身是一种不利的因素，关键在于处于冲突中的各方如何控制、掌握矛盾与冲突，使其最大限度地向有利的方向转化。如果有利因素能够得到最大限度的利用，不利因素得到最大限度的抑制，则冲突就会向着好的方向转化。

如何控制和管理冲突既是一个理论问题,也是一个实践问题,通过学习可以掌握如何成功地处理不同意见,战胜各种困难,发展面对不同类型挑战的谈判策略,获得应对紧张局面和压力的方法。

(五)利益的得失

人们进行谈判是因为存在冲突,也就是说冲突引发了谈判,那么冲突则是由于存在着利益得失。由于一方利益的获得是以对方利益的牺牲为代价的,所以利益的双方就会产生矛盾和冲突,因此,对冲突和谈判的理解应当建立在对利益的理解上。通过谈判,可以获得的利益或失去的利益,就称为利益得失。利益的得失取决于谈判者所处的现状,选择的方案以及是否还有其他选择;利益既有眼前利益也有长远利益,或者是谈判者所表达的潜在愿望和具体事件。对利益得失的讨论是谈判的关键点,只有关系双方切身利益的谈判,谈判者才会积极地投入,而且谈判双方为了获取各自的利益,都必须有所付出。付出成本的大小取决于谈判双方如何应对谈判,如何处理各自的利益得失。而且,谈判开始时事态的发展状况是双方衡量利益得失的标准,同时谈判者必须在眼前利益和长远利益中做出抉择,以确定是牺牲眼前利益以满足长远利益,还是以眼前利益为重而不顾长远利益。

谈判的本质使我们认识到谈判就是双方为解决冲突而进行沟通的过程,目的就是使双方达成一项协议、解决一个问题或做出某种安排。谈判是从对方获取自身利益的基本方式,是双方拥有共同利益和冲突利益的情况下,为达成一项协议进行的相互间的交谈。因此,真正意义上的谈判应该符合以下三点要求。

(1)谈判应当是在双方共同让步的基础上达成协议,谈判中的给予与获得是共同的,单方面的让步和妥协不是真正意义上的谈判。

(2)双方利益的冲突导致谈判的发生,然而如果没有谈判双方的合作,谈判就不可能顺利地进行并获得满意的结果。

(3)参与谈判的各方实力不同,但是双方的谈判地位和权利是相等的。实力较弱的一方有权否决它认为不公平的决议。

因此,作为商务英语和国际贸易专业的核心课程,学习国际商务谈判时,首先就要明白构成谈判的三要素是:冲突、谈判的筹码和谈判的意愿。在产生冲突的双方或多方之间,谈判者本着自愿的原则,利用手中掌握的筹码或者创造性提出对方所需筹码，进行磋商的过程。因此，该门课程的学习不仅要求学生了解国际商务谈判的基本原则、谈判类型；熟悉国际商务谈判过程，掌握谈判的基本技巧，学习对案例进行宏观以及微观的分析，更要求学生具有扎实的语言基础，宽广知识面，较丰富的相关专业知识，以及实际的动手能力。

第二节　课程设计理念

商务英语属于特殊用途英语，而作为该专业的核心课程，《国际商务谈判》又是绝对的实用性课程，因此，该课程一定要突出其实用的特点。

根据部分学校的教学计划，《国际商务谈判》总学时为 64 学时，其中 32 学时为理论学习，32 学时为实训。

由于该门课程属于输出课程，也就是说，是学生在学习了国际贸易、商法、经济学等课程之后的一个综合知识运用的课程。在第一学期理论学习中，如果只是单纯的理论知识的传授（即使配有相关案例），学生们对于商务谈判的理念、目的和行为以及具体的实施都会有理解上的偏差，更不用说去创造性地解决冲突，寻找谈判中的核心目标了。因此，在该门课程的教学设计中，我们采用了项目管理任务驱动形式的教学方法，从课程开始之初，就让学生参与到整个教学中来，通过完成一个又一个阶段性的任务，把理论知识的学习融入实际的活动中，由此加深学生对谈判理论概念的理解。

首先，在开始学习之初，引导学生认识谈判后，就采用了由 Robert M. March 设计的一套《谈判技能测试》来选定主谈手，我们目前的教学班基本都是 35 人左右，因此，我们通过测试选出 6 名主谈，由这 6 名主谈自发组建自己的谈判队，这样全班就会形成所有成员都参与其中的 6 个谈判队。谈判队建立起来之后，由主谈抽签确定甲乙方，然后发放产品贸易案例，开始本学期理论技巧等相关知识的学习。配合所选教材（窦然主编的《国际贸易谈判》英文版）的推进，从第三章开始，就根据学生手中的案例学习具体搜集信息、分析案例、撰写开场陈述、制定谈判方案、确定谈判策略等实操性内容。这种学习方式使学生的参与度提高，积极性和真实感都会加强。

一、课程设计思路

《国际商务谈判》课程,就其内容而言,主要是介绍商务沟通以及谈判的有关知识、理论、技巧和方法的,具有知识面广、实践性强、系统性强的特点,尤其是我们选用的教材(窦然主编的)更是以谈判流程为主线的。对学生的职业能力、职业素养的形成主要起着支撑作用,因此,在课程设计时,我们考虑最多的就是如何能让学生充分理解和掌握谈判理论知识、基本程序和基本策略,同时,能让学生树立正确的沟通理念和掌握基本的沟通方法,了解商务活动的相关利益,初步形成自己的沟通与谈判的风格,并将所学知识与实践相结合,能够分析案例,开展团队合作,解决现实问题。因此,采用了项目管理任务驱动的教学模式。

(一)项目管理教学模式

项目管理任务驱动教学模式是以能力为导向,以需求为目标,为学习者提供一个操作平台,通过行为的引导使学生在活动中提高学习兴趣,培养创新思维,形成分析问题、解决问题的能力。该教学模式以学生为主体,教师由传统教学方式中的领导者变为活动的引导者和学习的辅助者;学习过程中,把活动所需的相关知识结合在一起进行学习的开放型教学;课程的内容与职业标准对接、教学过程与项目活动对接;教学评价多角度,包括老师评价(能力养成过程性评价、整体性评价和个人创新意识评价)、学生自评和互评(协作评价、贡献评价和效果评价)。

项目管理任务驱动教学模式就是围绕一个共同的任务,在问题驱动下,通过对学习资源的积极主动应用,进行自主探索和互助协作的学习。该教学法是将一个相对独立的任务(项目)交给学生独立完成,教师起到咨询、指导与答疑解惑的作用,通过一个个项目的实际操作,使所有的学生都能够了解和把握完成项目的每一个环节。

1. 项目管理教学法

项目管理教学法是将传统的学科体系中的知识内容以在实际中学生生成的知识和能力为成就目标转化为一个或若干个教学项目,然后围绕这些项目组织和展开教学,使学生直接参与项目全过程的一种教学方法。该教学法起源于美国,盛行于职业教育发达的德国。在项目教学中,学习过程成为一个人人参与的创造实践活动,注重的不仅是最终的结果,更是主动完成项目的过程。在项目实践过程中,培养学生分析问题和解决问题的能力以及团队合作精神,让学生积极地学习,自主地进行知识的建构,学生在完成指定项目的同时,体验创新的艰辛与乐趣,形成创新能力。

2. 任务驱动教学法

任务驱动法是一种建立在建构主义教学理论基础上的教学法,是将所要学习的新知识和技能隐含在任务中,引导学生对教学任务进行分析、讨论,提出问题并设法解决问题。在完成任务的过程中,培养学生积极的学习态度和思考问题、解决问题的能力,核心就是以学生为中心,以任务为驱动。任务驱动改变了传统的教师讲、学生听的教学模式,创造了以学生为主导,学生主动参与、自主合作、探索创新的新型学习方式。

项目管理教学法的培养目标主要为综合能力的培养,要求学生能够解决从未遇到过的新问题,需要学生能够熟练地运用已学到的知识去融会贯通地分析问题和解决问题,通过训练能够具有“精通”专业知识和技能的能力。而任务驱动教学法的目标更多的是理论知识的传授理解和技能的掌握。

(二)项目管理与任务驱动教学模式的优势

1. 有利于理论与实践的相互促进

传统的教学模式是理论和实践教学分开进行的,比如,我们《国际商务谈判》课,第一个学期为理论学习,课本后所涉及的案例也只是理论的阐释,在学习完整个理论之后,第二个学期为实训。由于理论学习和实训分开,理论学习过程抽象、枯燥,学生缺乏学习热情,理论知识掌握不扎实,到了第二个学期实训时,所学过的理论知识很难融入实践活动中。而采用项目管理任务驱动法的教学模式就可以把抽象的理论具体化到操作的项目中,为了完成任务,学生们就必须把相关的理论弄清楚,并且在实践中又强化了对理论的理解。

2. 有利于培养学生的主动性和积极性

传统的教学实践以实验项目为中心,学生按指导要求按部就班地做，尤其是我们语言类的教学，基本以模仿、课本内容呈现，或课后内容总结归纳为主，学生在学习中的参与度受课时的影响不是很高，处于被动状态，其主动性、积极性难以发挥。而采用项目管理任务驱动的教学模式，通过结果评价回答了要“达到什么”的教学目的，在过程的实施中，通过过程评价解决了教学动机是“为了什么”这个问题。在教学过程中通过任务的实施，促使学生形成依靠自己探索、学习新知识的能力，找到解决问题的方法，进而培养学生的学习兴趣和自主学习能力，增强了学生学习的积极性和主动性。

3. 有利于学生成就感的形成和自信心的培养

项目管理任务驱动的教学模式，其评价方式结合了结果评价和过程评价，把完成项目作为课程的终极目标，完成阶段性的任务作为过程目标，这样的设计，就创设了一种情景，激发了学生的求知欲。在一个个任务完成后，学生就能收获喜悦和成就感，这样学习就没有累和枯燥的感觉，一个个任务的完成就是学生自信心建立的过程。

4. 有利于培养学生的创新能力

在项目管理任务驱动的教学模式中，项目对课程的目标做出了明确的定位，具体任务的设计体现了课程的知识能力结构，课程的实施是一个激励学生去学习、探索，去创作的过程，在这个过程中没有唯一的答案，任何能够实现目标的方法都是值得去探索的，探索的过程就是任务驱动引发的培养学生寻找解决问题的方法，培养了学生的动手实践能力、独立分析并解决问题的能力和创新能力。

（三）项目管理任务驱动的课程组织设计

在教学中，每一个教学模块的设计均按照教材的安排和谈判流程来推进，每一个环节的推进都按照任务实现—案例分析—必备知识—能力拓展—项目实践，逐级递进的模式，融教、学、做于一体，强化技能训练，提高课程的过程化考核。考核以能力为中心，将教学的全过程纳入考核范畴，本课程考核主要分为三大模块：职业素养（商务谈判的理念）20%+ 理论知识 50% + 综合能力考核（团队合作）30%。

二、具体项目设计

序号	实施项目	参与者	项目内容	项目实施方式
1	自我测试	个人	测试文本	书面测试
2	建立谈判队	主谈	确定队员名单	网上建队
3	熟读谈判案例	各谈判队	找出与谈判目标有关的信息	小组讨论
4	SWOT 分析	各谈判队	背景知识和专业知识分析	书面分析
5	COS 撰写	各谈判队	要点和目的	书面材料
6	谈判目标设定	各谈判队	三级目标	小组讨论,最后书面确定
7	谈判流程设计	各谈判队	策略、开局、目标和相关知识	书面材料
8	问答准备	个人	角色问答	小组讨论,书面材料
9	合同	各谈判队	合同文本	书面材料
10	模拟	各谈判队	模拟谈判	小组内模拟

配合课本知识,通过以上项目的实操训练,充分利用网络资源,在课堂之外,让学生自主参与到学习中来,把抽象的知识融化到具体问题的解决中,增加学生对谈判理论、方法的直观认识。

第七章　商务谈判课程目标

商务谈判具有很强的理论性、系统性、应用性和实践性,它既是一门科学,也是一门艺术。本课程以国际商务谈判基本流程为导向,根据谈判的逻辑关系,在沟通、处理问题时所需的知识及高技能人才的能力需求,形成从简单到复杂的系统化教学项目,主要介绍了国际商务谈判的定义、分类、流程和原则;谈判的四阶段以及基本的方法、技巧和策略,既注重理论知识的培养,又注重对学生的实操能力和工作能力的培养,通过本课程的学习,旨在帮助学生将理论知识结合自己的理解与领悟应用于谈判的具体实践中,使之成为一名合格的商务谈判人才或者外贸工作者。

对于商务英语专业的学生来说,他们不仅应当具有用商务英语沟通交流的能力,还应当掌握外贸基本知识,国际贸易的相关知识,如经济学、国际商法、商务写作等专业知识,在此基础上,再接受本课程的学习,该门课程作为一门实践性极强的课程,是学生对一些专业知识如外贸、营销、商务写作等基本理论知识在工作实践中的应用与发挥,既要求学生有较扎实的理论基础,又要求学生有较强的适应与应变能力。

本课程对商务谈判的特征、分类、模式、功能以及原理方法做了理论上的阐述,也对商务谈判的内容、准备、程序等环节以及谈判各个阶段的策略与技巧做了详细的介绍,同时,对谈判者的素质、礼仪以及谈判惯例作了说明。要求学生在学习相关知识时,要认真体会,做到融会贯通。因此,学生在学习该课程后,其专业能力、方法能力和社会能力都能得到提高。

第一节　总体目标

国际商务谈判的主要任务是帮助学生理解国际商务谈判的性质特

点，掌握国际商务谈判的基本原则，熟悉国际商务谈判各个阶段的谈判策略和技巧，并能够在今后的谈判实践中随机应变、灵活运用。具体目标如下：

一、知识技能目标

通过学习国内外经典的谈判理论，让学生熟悉国际商务谈判的基本概念、国际商务谈判人员的组织与管理、谈判前的准备、谈判中的策略与技巧、各大洲文化的差异对谈判的影响，通过分析案例，真正了解和认识到影响谈判全过程的主要因素，学会用谈判知识分析问题解决问题。

二、过程与方法目标

结合谈判理论的学习，配合适当案例，引导学生完成谈判各个环节的实践学习，根据案例，完成信息搜集，分析信息，设定谈判目标，撰写开场陈述，设计谈判方案；根据个人在案例中的角色，准备好所需知识及谈判语言。

三、价值观发展目标

全球一体化的形式下，国际商务谈判注重合作双赢、共同发展，因此，培养学生形成正确的价值观，了解价值观在不同谈判的决策方式、平等性、法律观念、时间和效率等方面的差异，使学生在谈判中做出正确的选择和决定，减少谈判冲突，消除误解和障碍，维护和争取己方利益，不会为利益做出有损国家尊严的事情，正确定位国家利益、集体利益和个人利益。培养学生较好的心理调控素质，增强与各种人沟通的信心，培养公平、公正的良好谈判人格及沉稳、坚定的职业风范。

第二节　具体目标

国际商务谈判的学习，是以谈判的环节为线索的，根据每一个环节的学习，我们为学生制订了具体的目标。在导论课和谈判分类、原则和基本理论的学习中，我们的学习目标是，通过案例，让学习者了解谈判产生的要素，即冲突和筹码，而要达成和解或者协议，则一定是双方的让步。熟悉国际商务谈判中应该坚持的原则、策略和方法以及谈判的基本程序和影响谈判的诸多要素。

而在谈判准备环节则以项目管理任务驱动的教学方法，从案例分析、搜集信息、处理信息、撰写开场陈述、制定谈判目标、设定谈判计划、撰写谈判流程以及设置谈判各环节所涉及的方法、策略以及沟通的语言表达，根据谈判前准备的每一个环节，设置具体的目标，引领学生参与其中，并逐个完成。

一、专业能力目标

做好谈判前的准备工作，能进行谈判信息的搜集、整理与分析，能设计谈判的三级目标，谈判的开局，能控制谈判的进程；能撰写适宜案例的开场陈述，制定可行灵活的谈判方案，能根据谈判情况随机应变，灵活运用谈判策略，具有一定谈判能力和决策能力，能坚守谈判目标，及时调整心态，防止挫败感的危害，保持积极心态和顽强毅力，不受对方威逼利诱的干扰，促成谈判的成功。

二、课程知识目标

通过该课程的学习，学生在知识认知上要达到一定的标准，即要遵循“必需、够用”的原则，知识目标要与当前国际商务谈判所遵循的双赢目标切合，并与我们的专业所学——商务英语相呼应。

学生应该掌握国际商务谈判的基本知识，熟知国际商务谈判准备阶段的信息准备、人员准备、谈判方案制定以及谈判前的模拟演练，灵活掌握国际商务谈判开局、磋商阶段的策略，在达成协议后，能恰当签订合同，掌握国际商务谈判的各种语言艺术，掌握国际商务谈判人员的心理以及国际商务谈判礼仪。

三、社会能力目标

（1）有强烈的事业心、高度的责任感，正直诚信，勇于承担责任；

（2）具有团队合作精神，有良好的沟通协调能力，有较好的语言表达能力；

（3）具有较强的政策法规的理解和运用能力，遵守职业道德与法规；

（4）思维严谨，工作踏实，勤奋努力，具有较强的经受挫折的能力；

（5）具有敏锐的观察力、灵活的应变能力、开拓创新能力等。

具体的课程教学内容可分为四块，理论以及谈判基础知识的学习，学习谈判的类型、流程、原则、策略以及影响谈判的因素，谈判中的问答技巧等。项目管理式学习（谈判前准备阶段），讨论式学习（开局、报价、磋商）是学生在小组内对每一个环节所涉及的策略和方法进行讨论式学习，模拟谈判（小组与小组之间进行模拟并反思），以此达到我们提高学生专业能力、方法能力和社会能力的目标。

编号	能力训练项目名称	拟实现的能力目标	相关支持知识	训练方法、手段及步骤	结果
1	谈判基础知识、理论学习	能正确理解相关理论和知识	课本中知识	小组制作PPT呈现知识，老师补充或重点讲解	能完成课后思考题
2	谈判背景分析	能进行有效分析国际商务谈判的背景	谈判背景资料类型、信息搜集、信息分析	小组讨论，案例分析	能根据案例进行背景分析
3	国际商务谈判人员选择、地点选择与场地布置	能根据交易实况选择谈判人员、地点以及场地布置	掌握国际商务谈判人员选择标准、不同谈判地点的利弊及场地布置要求	自我测试，根据案例，确定人员角色	确定角色，地点选择与策略的关系
4	开场陈述撰写	能根据案例信息，写出适用的开场陈述	根据案例信息和开场陈述撰写要领	个人完成，教师讲评	能正确领会写作要领和开场陈述的作用
5	谈判计划制定	能制定谈判计划	谈判计划制定原则、主要内容等	小组讨论，撰写计划	设定合适的三级目标及谈判计划
6	商务谈判开场陈述撰写	撰写的要素和所起的作用	写作的要素和目的	学习，个人完成写作	较实用的开场陈述

续表

编号	能力训练项目名称	拟实现的能力目标	相关支持知识	训练方法、手段及步骤	结果
7	谈判开局模拟	能根据案例，确定谈判开局气氛，选定谈判策略并组织开局	开局气氛选择及营造	情景模拟，角色扮演	谈判开局选择及设计
8	谈判让步模拟	选择恰当的让步策略	让步策略及策略的应用	情景模拟，角色扮演	能在谈判中正确让步
9	谈判中僵局处理模拟	能利用、制造、化解僵局	谈判中僵局的作用、僵局的制造、化解	情景模拟，角色扮演	制造或化解僵局
10	谈判沟通技巧	能借助不同技巧进行有效沟通	听、说技巧，有效表达	特定背景下的沟通	能用英语正确有效沟通
11	价格谈判模拟	能进行价格谈判	价格谈判技巧、策略	情景模拟，角色扮演	能制定完整的谈判方案，并进行谈判
12	签订书面合同	能根据谈判结果签订书面合同	合同的主要内容、签订时注意问题及签约仪式的准备	各组拟出合同，并模拟签约	签订书面合同

第三节　教学实施建议

一、教学建议

首先，国际商务谈判课程是一门理论与实践兼具的课程，学生不仅要学好理论，懂得谈判的理论、原则、策略和技巧，更要懂得如何去运用，因此，教学应不同于过去传统的模式。应该首先设立实训室，方便学生上网查找资料，而且实训室系统中的谈判资料也是帮助学生加深所学理论知识理解和运用的平台。

其次，教学方法有其独特性。该门课程是一门理论性、系统性、应用性和实践性都很强的学科，课程的学习需要大量的操作训练，除了有实训课之外，在第一学期的理论学习中，也需要大量的实操，采用灵活的教学方法，加强教学效果。主要的教学方法如下：

（一）案例分析法

在教学中，通过分析和研究某一个案例，来解释所有要讲授的内容并推动教学内容的发展与完善。这是一种开放型教育，它集科学性、实践性、直观性、启发性、趣味性于一体，促进了教学相长，加深了学生对基本理论的理解。

（二）分组研讨学习法

根据国际商务谈判是团队谈判的特点，引领学生完成自我测试，建立谈判队，由学生抽签决定选择甲方或者乙方，并在QQ或微信上建立谈判队，教师加入每一个谈判队，根据课程的进程，教师布置相应的任务，同学们在小组内根据实际案例完成相关学习内容，这样就抛开了课堂的局限，学生们充分利用了业余时间在网络平台中讨论，在讨论中分享他人意见和见解，教师可以适时给予指导和意见。这种项目式的教学方式可以提高学生的学习兴趣和参与度，增强了学生的自信心和自主学习的能力，效果良好。

（三）角色扮演法

角色扮演法就是根据案例需要，确定人物身份，以扮演角色的方式来达到体验及学习的目的，重视由实际的体会及行动达到自主、自发学习的效果。角色扮演不仅使学生们学习了相关知识技能，而且还培养了学生仪表、姿态、语言表达、协调、应变和解决实际问题的能力。

（四）情景模拟法

根据案例，要求学生在设置谈判方案时，结合案例中谈判方的国籍，设置与该国文化、礼仪相关的商务谈判场景，把这项内容作为考核项目之一，从而激发学生发挥跨文化交际知识的热情和积极性。

（五）案例教学法

从一开始，就结合一个实际的案例来推进教学，以此来代替实地教学。因为课堂时间有限以及现实的条件限制，我们不可能带领学生实际进入企业或公司，接触到与国际谈判相关的实例，因此，以案例配合教学，通过对案例的分析研究，提出解决问题的方法，提高学生运用理论认识问题、研究问题和解决问题的能力。这种类似于现场教学的模式，能让学生直接认识事实，面对事实谈论，启发拓展思路，提高实际谈判的能力。

二、教学内容及进度

章节	教学内容	学时	教学要求、重点和难点	课程思政元素
第一讲	导论	2	教学要求：了解谈判形成的三要素 重点：有限的资源是谈判的基础 难点：谈判的三要素：冲突、筹码、平等	资源的不平衡性决定了人们需要谈判，引导学生认识到，世界上解决纷争的首选是谈判共赢而不是战争
第二讲	Chapter 1 An Overview of International Business Negotiation	2	教学要求：了解国际商务谈判的概念、分类和形式 重点：谈判的概念和分类 难点：以目标分类的谈判和横向谈判、纵向谈判的含义	引导学生认识到生活中遇到冲突，应该理性解决，首先应该是沟通交流
第三讲	Chapter 2 Game Principles of International Business Negotiation	2	教学要求：了解谈判中的博弈原则；谈判中应该遵守平等自愿的原则；共同点最大化，差异点最小化以及影响谈判的八大因素 重点：谈判中的原则 难点：共同点最大化，差异点最小化	引导学生认识到诚信是谈判的第一要素，在谈判中要秉持平等自愿的原则，诚实守信，做到真话不全说，假话全不说，在生活中做一个高情商的人

续表

章节	教学内容	学时	教学要求、重点和难点	课程思政元素
第四讲	Chapter 3 Preparation for International Business Negotiation	2	教学要求：了解谈判前的准备工作，如搜集信息、组建谈判队、布置谈判场地、制定谈判方案、选择谈判策略 重点：了解准备谈判的步骤 难点：谈判计划、策略、流程	从理论上了解谈判前准备工作的内容和程序，使学生们认识到，做任何事情都应该用心、认真，只有准备充分才能有所收获
第五讲	Chapter 3 Preparation for International Business Negotiation	2	教学要求：根据案例，学习搜集信息，做 SWOT 分析 重点：信息搜集应该涉及宏观经济、微观经济、国际关系、市场份额等方面 难点：SWOT 分析	引领学生阅读案例，分析案例，提取案例中的信息点，搜集有用的信息，并且能正确分析，通过训练，提高学生分析问题的能力
第六讲	Chapter 3 Preparation for International Business Negotiation	2	教学要求：学习撰写开场陈述，真正掌握开场陈述撰写要点 重点：开场陈述不能涉及具体报价和具体的条款 难点：如何避免开场陈述中涉及具体报价和条款	引导学生懂得既能维护对方面子，又能实事求是地展示自己所调查结果，并能展示双方合作的良好愿景
第七讲	Chapter 4 Opening of International Business Negotiation	2	教学要求：了解影响谈判氛围的因素，熟悉谈判开局的步骤，掌握开场陈述的策略 重点：开场流程和开局氛围的营造 难点：不同的开场氛围与案例的关系	培养学生学会高情商地处理各种问题，学会用适当的技巧，营造有助于事物良好运转的条件
第八讲	Chapter 5 Bargaining Process	2	教学要求：了解和掌握报价、讨价还价和让步的方法和技巧 重点：报价和让步的原则和技巧 难点：根据具体案例进行报价和让步	培养学生形成商业思维，具有长远发展的思想，能既切合实际又有创意地与对方讨价还价，形成共赢

续表

章节	教学内容	学时	教学要求、重点和难点	课程思政元素
第九讲	Chapter 6 Negotiation Strategies and Tactics	2	教学要求：了解谈判的策略和技巧 重点：不同策略和技巧的利弊及其运用 难点：根据实际案例运用适当策略和技巧	培养学生懂得，不仅谈判中需要策略和技巧，在生活中采用策略和技巧，也能妥善解决问题，达到事半功倍的效果
第十讲	Chapter 7 Ways of Breaking an Impasse in Negotiation	2	教学要求：了解谈判僵局产生的原因，掌握避免进入僵局的方法，树立正确的对待僵局的态度 重点：僵局产生的原因，避免进入僵局的方法 难点：对待僵局的正确态度和避免陷入僵局的方法	培养学生养成正确的态度，解决问题时能多考虑对方意见和观点，不激化矛盾，培养学生形成正确解决问题的态度：不惹事，不怕事
第十一讲	Chapter 8 Language Skills in International Business Negotiation	2	教学要求：了解谈判中问答和陈述的语言技巧 重点：如何问答和陈述事实 难点：根据实际案例，如何用适当的问答进行有效沟通	培养学生运用英语问答进行有效沟通的重要性，让学生明白不同的语言技巧会带来不同的沟通效果
第十二讲	Chapter 9 The Formation of Contracts	2	教学要求：了解合同的基本条款以及合同保障、变更、终止和转让的含义和区别；合同纠纷的处理方式 重点：合同的变更、终止和转让的区别以及合同纠纷的处理方式 难点：合同变更、终止和转让的条件和流程	培养学生具有合约精神，懂得遵守合约的重要性
第十三讲	Chapter 10 Psychological Qualities and Creativity of the Negotiation	2	教学要求：谈判者应该具备的心理素养和创造性解决问题的能力 重点：谈判中创造性解决问题的方法和重要性 难点：谈判中创造性的重要性	良好的心理素养是成功的基础，引导学生树立自信心，以正确的态度对待生活和学习

续表

章节	教学内容	学时	教学要求、重点和难点	课程思政元素
第十四讲	Chapter 11 Etiquette in International Business Negotiation	2	教学要求：了解各国文化礼仪和禁忌，以及主客场谈判工作要求 重点：各国文化的差异和礼仪和禁忌对谈判的影响 难点：尊重彼此文化差异，以国际商务标准礼仪与他人合作	尊重他人文化、习俗是与人交往合作的基础。了解不同文化的差异和文化禁忌，尊重他人，以平等的相互尊重的态度与他人合作是我们应该具备的基本素养和要求
第十五讲	Chapter 12 International Business Negotiation Styles	2	教学要求：了解各国的谈判风格 重点：不同国家谈判风格在谈判中的体现 难点：根据对方谈判风格，判断对方的态度	了解谈判风格的差异，就可以减少误解，增加谈判成功的概率，以此让学生加深对跨文化交流和沟通重要性的认识
第十六讲	Simulation	2	教学要求：通过模拟谈判，检测学生谈判各个环节的学习 重点：谈判步骤和谈判中涉及的知识点 难点：磋商阶段的技巧运用和保底线的坚持	遇到不同意见，学生应该运用谈判策略和技巧，对事不对人，用事实来说服对方，创造性地解决问题，达成协议
合计		32		

第四节　课程考核评价建议

《国际商务谈判》课程在专业课程中属于输出型课程，强调学生的实际操作能力。因此，该课程测试的重点应该是学生把理论知识应用于实际商务谈判各个环节的能力。

一、考核的形式

考核的形式采用考试与过程评价相结合。商务谈判课程与其他课程的不同之处就在于需要学生花费更多的课余时间去查询资料，分析案例，完成角色设定的分内工作。要积极参与小组讨论，完成小组共同承担的谈判目标设定，做SWOT分析，撰写谈判计划，设计谈判流程，完善开场陈述，选择谈判策略以及每个角色有效沟通的英语语言的表述。因此，过程性评价才能激励学生积极参与到学习的各个环节中，也才能公平公正。在过程性评价中，采用小组内互评，模拟场上观众评分和教师评价相结合。

理论考核主要采用考试的形式。通过卷面考试，考查学生理论知识掌握的情况。对于初次接触谈判的人来说，学习理论是指导实践的基础，没有理论做支撑，就只能盲目实践。因此，学生一定要有扎实的理论基础，如此才能有好的实战能力。最终，形成过程评价和理论评价各占期末成绩的50%。

二、考核的内容

考核的内容包括理论考核、实训考核和过程考核三个部分。这三个部分的考核，应该以学习内容的变化而不同，在第一学期的学习中，以理论学习为主，实操是为了加深和形象化理论知识的学习，因此，考核的比例应该可以适当加大理论测试。其中理论考核占50%，实训占20%，过程考核占30%。到了第二学期，主要以实训为主，那么考核的重点就应该放在实训上，比例可以适当加大。

理论考试可以测试学生对谈判概念、原则、理论和策略等基本知识的掌握情况，也可以测试学生分析问题、解决问题的能力，通过案例，考核学生有效运用理论知识的能力。

过程考核主要采用自我评价、小组内成员互评和教师评价三项内容，考核学生参与学习的态度和效果，其中自我评价占5%，小组评价占10%，教师评价占15%。考核过程学习中，涉及学生参与学习的积极性、学习态度、主动性和作业完成质量等。

实训考核，主要是指模拟中学生的表现。对于模拟中学生的表现，采用小组互评的方式和教师评价的方式，其中小组互评占8%，教师评价占12%。

在过程评价和实训评价中，要特别注重学生自学能力、实践能力、分析解决问题能力的考核，对在学习和应用上有创新的学生给予特别鼓励，鼓励学生团队合作，互助互学，全面综合评价学生能力。

第八章　项目管理任务驱动式教学

在国际商务谈判课程学习过程中,最重要的应该是谈判前的准备,俗话说“台上一分钟,台下十年功”,精心而周到的准备是谈判成功的关键。对于初学者来说,学习谈判基本理论和了解谈判流程是学习的一个基本环节,但是,纯理论的学习,如果没有必要的实践,只能是空中楼阁,也很难调动起学生学习的积极性。因此,在理论学习过程中,谈判前的准备就是实施项目管理教学法的最好环节。前一章节我们已经介绍了项目教学法,该教学法就是通过完成一个具体的“项目”而进行的实践教学活动的培训方法。这种方法起源于美国,盛行于德国。采用项目教学法,教师需要做大量的准备工作。教师的主要任务有:确定项目内容、任务要求、工作计划,设想在教学过程可能发生的情况以及学员对项目的承受能力,把学员引入到项目工作中后退居到次要的位置,时刻准备帮助学员解决困难或问题。在国际商务谈判课程导论结束后,就开始把全体学生引入到项目教学中来,从人员选拔、组建谈判队,到案例分析、制定谈判计划直至模拟谈判都采纳项目管理任务驱动式教学模式,让学生的自主学习成为教学的中心,教师成为管理者和引领者。

第一节　人员的选拔

根据哈佛大学的研究,要想谈判取得成功,首先要选出优秀的谈判手。

一、选出主谈

国际谈判通常是团队谈判,虽然在团队中可以选拔诸多的专家组成谈判队,但是,在谈判桌上,真正的互动实际是发生在两位主谈之间的,因此,选出优秀的主谈是组成好的谈判队的前提。国际谈判远比国内谈判要复杂得多,因此,国际谈判人员必须具备广泛的技术、社交、沟通和道德修养,谈判手不仅要有敏锐的反应力,还需要对谈判桌另一边的那一方有高度的同情心。

很多公司,在选拔主谈时,常常会犯的错误是,指派公司高层管理者或者是公司老总或者经理自己担当主谈,而完全没有考虑其是否有谈判技巧。更有甚者,有些公司的老板习惯为所欲为,根本无法在谈判中做到交换和让步,更不会考虑对方的需要。

而好的谈判者应该始终保持中立,在进入谈判时一定要牢记,在满足短期需求的同时,确保企业长期利益最大化,并且双方在离开谈判桌时一定是感觉到收获多多,即达到双赢。

因此,选出好的主谈,可以保证谈判顺利并能有好的结果。在实际教学中,我们采纳了哈佛大学的做法,选拔出能引领团队完成谈判实践活动的主谈。以下是测试表:

Selecting your team and leader

The seven dimensions of team negotiating skills stand for the following concepts:

LSS leadership and spokesperson skills______+70

CLA clear thinking and analytical ability______+64

COM communication skills, being articulate______+30

INS insightfulness, reading the mind of others______+27

STR Strategic thinking______+35

NEG negotiation and bargaining skill______ +65

IMM socializing abilities with foreigners and strangers______+22

<u>Less section</u>

1. Do you like to use experts in negotiations?

A. very much

B. quite a lot

C. occasionally

D. if I have to

E. rarely

2. Are you (or would you be) a good team leader ?

A. very good

B. quite good

C. fair leader

D. not very good

E. poor leader

3. Do you think clear under pressures ?

A. yes, very well

B. better than most people

C. about average

D. below average

E. not well at all

4. How good is your business judgment?

A. experience shows it's very good

B. good

C. as good as most other businessmen/women

D. not too good

E. I hate to admit it, but I guess I lack business judgment

5. Do you get respect from others ?

A. easily

B. most of the time

C. occasionally

D. not usually

E. rarely

6. Are you an open-minded person ?

A. yes, very much so

B. moderately

C. most of the time

D. somewhat close minded

E. quite fixed in my ideas

7. Are you a patient negotiator ?

A. almost always

B. more than average

C. average

D. below average

E. I get it over with . What's the point of fooling around ?

8. Do you have "charisma" ? Do people tend to look up to you and follow your lead?

A. very much so

B. quite a bit

C. about average

D. not too much

E. definitely not

9. How do you feel about leading people in a team ?

A. comfortable and natural

B. fairly comfortable

C. mixed feelings

D. somewhat self-conscious

E. quite anxious

10. To what extent is it important to you to be liked?

A. very important

B. quite important

C. important

D. not too important

E. doesn't make any difference

CLA SECTION

1. Do you generally go into negotiations well prepared ?

A. very frequently

B. often

C. sometimes

D. not very often

E. almost never

2. Do you tend to believe what you are told in negotiations ?

A. No, I'm very skeptical.

B. Moderately skeptical.

C. Sometimes unbelieving.

D. Almost always believing.

3. How well do you penetrate the real issues of a negotiation ?

A. I generally know what counts.

B. I get it right most of the time.

C. I can guess at it fairly well.

D. I get a lot of surprises.

E. I find it hard to know what the real bottom-line issue is.

4. Are you persistent in negotiations ?

A. very persistent

B. quite persistent

C. fairly persistent

D. not very persistent

E. not persistent

5. How well did you prepare for negotiation of the last house or car (or other big ticket item) you bought ?

A. thoroughly

B. quite well

C. moderately

D. not well

E. played it by ear

6. To what extent do you check into what the other man tells you ?

A. I check it out well.

B. I check most of it.

C. I check some.

D. I know I should check but don't do it enough.

7. How well do you think when not under pressure? Compared to your peers.

A. very well

B. better than most

C. average

D. a little worse than most

E. not too good

8. Do you like to negotiate with merchants ? (furniture, cars, appliances, etc.)

A. love it

B. like it

C. neither like it nor dislike it

D. rather dislike it

E. hate it

<u>COM Section</u>

1. Do you express your viewpoint well ?

A. very well

B. above average

C. average

D. below average

E. poorly

2. Are a good listener ?

A. very good

B. better than most

C. average

D. below average

E. poor listener

3. When somebody has ideas you disagree with, how do you listen ?

A. turn him off

B. listen a little but find it very hard

C. listen a little but don't mind it too much

D. listen reasonably well

E. listen attentively and well

4. How would you feel if you had to say " I don't understand that" four times after four good explanations?

A. terrible—wouldn't do it

B. quite embarrassed

C. would feel awkward

D. would do it without feeling too bad

E. wouldn't hesitate

INS Section

1. How sensitive are you to body language ?

A. highly sensitive

B. quite sensitive

C. about average

D. less observant than most

E. not very observant

2. How sensitive are you to other person's motivations and wants ?

A. highly sensitive

B. quite sensitive

C. moderately

D. less sensitive than most

E. not sensitive

3. How do you feel about getting personally involved with the party?

A. I avoid it

B. I'm quite uncomfortable

C. not bad—not good

D. I'm attracted to getting close to him /her

E. I go out of my way to get close. I like it that way.

4. How sensitive are you to the personal issues facing the opponent in negotiation? (his success in his company, workload, relationships with his superiors, etc.)

A. very sensitive

B. quite sensitive

C. moderately

D. not too sensitive

E. hardly sensitive at all

STR Section

1. What kind of a final deal do you aim for ?

A. a good deal for both parties

B. a better deal for you

C. a better deal for him

D. a very good deal for you and better than no deal for him

E. every man for himself

2. To what extent do you like to think up every possible deal? That might have a chance of creating agreement ?

A. spend a lot of time just considering all possibilities

B. spend a certain amount of time on it

C. about average

D. don't spend too much time on it

E. not my way at all

3. Are you resourceful in coming up with creative solutions to problems ?

A. very much so

B. quite

C. sometimes

D. not too much

E. hardly ever

4. How do you approach the search for solutions likely to be effective?

A. get other's idea; and select the best

B. go for what satisfies my own needs best

C. make sure I understand the other side's needs and situation before starting to search for potential strategies

D. leave to others to decide

E. no pattern at all

NEG Section

1. How do you look at negotiation ?

A. highly competitive

B. mostly competitive but a good part cooperative

C. mostly cooperative but a good part competitive

D. very cooperative

E. about half cooperative and competitive

2. Do you have a tendency to threaten ?

A. very often

B. quite often

C. occasionally

D. infrequently

E. very rarely

3. Do you express your viewpoint well?

A. very well

B. above average

C. average

D. below average

E. poorly

4. When you have power ，do you use it ?

A. I use it as much as I can.

B. I use it moderately without any guilt feelings.

C. I use it when the situation requires it.

D. I don’t like to use it.

E. I take it easy on the other person.

5. How committed are you to your goals in negotiation ?

A. very strong commitment

B. quite

C. somewhat

D. not too committed

E. very flexible. No sense driving too hard.

6. Are you persistent in negotiation ?

A. very persistent

B. quite persistent

C. fairly persistent

D. not very persistent

E. not persistent

7. How do you usually give in ?

A. very slowly if at all

B. moderately slowly

C. about at the same pace he does

D. I try to move it along a little faster by giving more.

E. I don't mind giving hefty chunks and getting to the point.

8. How do you feel about making a very low offer when you buy ?

A. terrible

B. not too good but I do it sometimes

C. only occasionally

D. I try it often and don't mind doing it.

E. I make it a regular practice and feel quite comfortable.

<u>IMM Section</u>

In this final section, the questions have a different kind of answer, namely whether they are TRUE (T) or FALSE (F) for you. Please read each statement carefully, and then write down T or F that is closest to your opinion.

1. I find it hard to imitate the behavior of other people.

2. I guess I put on a show to impress or entertain other people.

3. I would probably make a good actor.

4. I sometimes appear to others to be experiencing deeper emotions than I actually am.

5. In a group of people, I am rarely the centre of attention.

6. In different situations and with different people, I often act like very different persons.

7. I can only argue for ideas I already believe in.

8. In order to get along and be liked, I tend to be what people expect me to be rather than anything else.

9. I may deceive people by being friendly when I really dislike them.

10. I'm not always the person I appear to be.

NEGCOM INVENTORY SCORE SHEET Add your positive and negative scores together, to give a separate total for each section.

LSS: Question: AB C D E

1. +12+12+5−5 −10

2. +12+10+5−5 −10

3. +10 +5+30−5

4. +20 +15+5−10−20

5. +12+8+3−5 −8

6. +10+3+10−5−15

7. +5 +10+5−5 −15

8. +10+8+30 −3

9. +8+5+30 −12

10. −12−10−100+10

CLA: Question: AB CD E

1. +20 +15+5−10−20

2. +10 +8+4−4 −10

3. +10+5+2−2 −10

4. +10 +12+3−3 −10

5. +15 +10+5−5 −15

6. +10 +10+3−5−5

7. +15 +10+50−5

8. +3+6+6−3−5

COM: Question: AB CDE

1. +8 +4 0−10 −15

2. +15+100−10−15

3. −10 −5 +5 +10 +15

4. −8−3+3+8 +12

INC：Question AB CDE

1. +2+10−1−2

2. +15 +10+5−10−15

3. −15 −100+10 +15

4. +16 +12 +4−5−15

STR：Question AB C DE

1. 0+10−10+5−5

2. +15+100−5 −15

3. +12+10+3−10 −5

4. +5 0+20−10−15

NEG：Question ABC D E

1. −15+15 +10 −15+5

2. −15−100+5+10

3. +8+40−10−15

4. +5+15+10−50

5. +12 +12 +5−5 −15

6. +10 +12 +3−3 −10

7. +15 +10 −3−10−15

8. −10−5+5 +15+15

IMM：Question：TF

1. 04

2. 10

3. 30

4. 50

5. 05

6. 40

7. 05

8. 40

9. 30

10. 20

二、主谈的作用

在国际谈判中，主谈负责统一战略、战术和整体的风格。一旦确定了战略和战术，谈判队的所有成员就必须严格遵守，而主谈一定要有很强的自我控制力，要保证谈判按照既定计划和目标向前推进。如果谈判中需要改变决策，那也一定是以主谈的意见为主。由于国际贸易中所需筹码很高，因此，主谈要勇于为结果承担一切责任，即使下属做了关键的决定，只要在保底线之内，也是正确的。

主谈要能抵抗来自各个方面的压力，成为一个决策者，主谈一定是一个胆大的人，可以在陌生的语言环境中承担起责任。

三、我们的做法

对于我们的学生来说，他们没有任何商务经验，更没有谈判的经验，因此，我们采纳哈佛大学创设的测试方案来选拔主谈，从领导力及发言人技巧（LSS），良好的思维逻辑能力（CLA），沟通技巧（COM），洞察力、领会别人想法的能力（INC），战略眼光（STR），谈判和议价能力（NEG）以及与外国人和陌生人交往的社会能力（IMM）等七项来做自我检测，总分最高者即为主谈。

原本这份测试是帮助经理选拔合适的谈判团队成员的，测试表中的7项技能，无论是概念能力和商业专业能力都同样重要，最理想的状态应该是每一个谈判组的成员由拥有这七种优势的成员组成，这样在7个方面可以优势互补。但是，由于考虑到同学们之间相处的模式，通过测试，我们只选出6位总分最高者，然后由主谈自行选拔本队的成员，只是要求他们尽可能把性格外向的和性格内向的搭配到每一个谈判队中，以此保证在模拟谈判中不会过于沉闷。

一个谈判队是否有凝聚力，会严重影响到后续学习的开展，因此，由主谈来选择自己的队员，有助于团队成员之间合作和团结，更有助于在谈判队员中树立主谈的威信和地位，使每一个谈判队都成为一个整体，在主谈的带领下，利用网络和课余时间完成谈判前的各种准备工作。

按照当前国际谈判的模式，根据案例的大小，谈判队一般由3人到12人组成。而我们的教学班基本是35～38人，因此，我们会选出6名主谈，建成 6 ~ 7 人为一队的 6 支谈判队，然后由主谈抽签决定做甲方或者乙方。确定之后，就由主谈在 QQ 或者微信中建立谈判队。谈判队建成后，就可以发放相应的案例，这一个学期项目管理任务驱动式教学就围绕该案例展开。

第二节　案例的分析

案例发放后，先由学生们自己阅读和熟悉案例，然后，教师在课堂中指导学生逐句理解案例，提取案例中有关的信息。首先，提示学生注意如下几个问题：

这是哪一类谈判？

双方的谈判地位如何？

这是他们首次合作吗？如果之前合作过，合作愉快吗？

构成谈判的因素是哪些？

谈判中存在的问题是什么？

谈判能达成协议吗？

你认为谈判中的机会在哪里？谈判中的障碍是什么？

你认为双方合作的前景怎么样？

双方国家对该产品进出口的相关规定是怎样的？

这样的问题可以引导学生深刻理解案例，然后提示学生注意案例所处的年代、贸易双方所处的国家以及双方之间、双方国家之间的关系，当时国际政治、经济形势等。各组的成员在课后会在网络中梳理信息，对信息点的理解达成共识。

一、提取关键信息

信息掌握的是否准确、充分，都会影响到对对手的评估，高估和低估都是灾难性的，只有正确评估谈判对手的立场和谈判力，才能结合国际宏观经济形式、买卖双方的谈判力和谈判地位，制定出相应的谈判策略，采用合适的谈判战术，为谈判成功铺平道路。

“顾客是上帝，顾客总是对的”，这句谚语似乎揭示出一个真理，买家永远都处于优势，因此，初学者在审核案例时，会认为只要是买方就处于优势谈判，而事实并非如此。买卖双方的相对“需求”才是决定谁具有优势谈判地位的真正因素。除此之外，政府为保护国内市场所设立的种种限制以及买卖双方所在公司在国际市场上的地位，买卖双方所在国家的经济发展状况，比如，在发展中国家，尚未开发利用的资源、勤劳的人口、庞大的新型消费市场都可以成为吸引谈判对手的筹码。

其次，很多人把体育赛事中的“主场优势”比作商业中的“主场优势”。从理论上来讲，在自己的地盘上会有一定的心理优势，而对于客方来说要经历长途旅行之苦和对当地文化环境的不熟悉而受到的不利影响，但是，如果他们是一支准备充分、富有经验的团队，就会在谈判桌上比东道主表现得更自如、更优秀。

综上所述，要制定出比较完美的谈判计划，必须要对影响谈判的范围的因素加以分析。确定谈判的领域及其历史、政治和双方的动态，包括：该产业的历史和市场情况；该产品的历史或者所提供的服务的历史情况；使用该产品或者服务的客户的历史情况以及该产品或者服务的成本优势，所获得的效益等。

为了对以上信息有一个共识，各谈判小组就要在主谈带领下，一段一段，甚至一句一句的讨论，以确保相互理解。通过细致的分析，就能识别出可能被忽略的弱点和特定的需求。

二、评估强弱势

根据案例中所提取的信息，对谈判双方的力量进行评估，也就是所谓的强弱势的评估。这种评估通常就是做一个 SWOT 分析。SWOT 分析方法一般来说属于综合分析方法，因其既要分析内部因素，也需要分析外部条件，即根据企业自身的既定内在条件进行分析。

著名的竞争战略专家迈克尔·波特提出的竞争理论从产业结构入手对一个企业“可能做的”方面进行了透彻的分析和说明，而能力学派管理学家则运用价值链解构企业的价值创造过程，注重对公司的资源和能力的分析。SWOT 分析，就是在综合了前面两者的基础上，以资源学派学者为代表，将公司的内部分析（即 20 世纪 80 年代中期管理学界权威们所关注的研究取向，以能力学派为代表）与产业竞争环境的外部分析（即更早期战略研究所关注的中心主题，以安德鲁斯与迈克尔·波特为代表）结合起来，形成了自己结构化的平衡系统分析体系。把基于内外部竞争环境和竞争条件下的态势分析,也就是将与研究对象密切相关的各种主要内部优势、劣势和外部的机会和威胁等,通过调查列举出来,并依照矩阵形式排列,然后用系统分析的思想,把各种因素相互匹配起来加以分析。

S(strengths)、W(weaknesses)是内部因素,O(opportunities)、T(threats)是外部因素。利用这种方法可以从中找出对自己有利的、值得发扬的因素,以及对自己不利的、要避开的东西,发现存在的问题,找出解决办法,并明确以后的发展方向。

通过对提取信息所做的分析,能确定开局时的立场,为设定谈判目标、选取谈判策略提供支持。

三、确定要谈判的事项

进入谈判之前,应该对诸多信息进行筛选,把重要的需要在谈判桌上着重讨论的议题和琐碎的议题区分开。如果那些重要的、有损利润的条款没有列入让步清单中,对手就会为了分散注意力而热衷于去争论无意义的要求。

因此,谈判手必须决定哪些是重要的问题,以及该立场认为不可谈判的问题是否在其中,还要考虑是否可以提出一个合适的还价来保持这个话题。因此,在谈判准备过程中,应该对需要谈论的议题列个清单。例如在国际贸易谈判中主要谈判的问题。

贸易:通知行、信用证、产品线、汇率、货运代理、地面运输、仲裁的权利、税收、检查政策、关税税率、分销权

产品:质量控制问题、技术转让、供应商、国内产品、专利、版权和商标、许可

市场营销:当地与外国广告、产品开发、分销渠道等

当主谈带领自己的队员对谈判所涉及的问题越能达成共识,在设定谈判目标和让步策略时,才越明确、越科学。

第三节　谈判目标的确定

谈判目标的设定，是谈判成败的关键。而目标设定是否合理，取决于对案例的理解和信息的分析。谈判前不设立目标就急于谈判，就好像没弄清靶子在哪里就射箭一样，结果只能是一事无成。谈判者只有明确了谈判目标之后，才能清楚努力的方向，才能在谈判过程中把握住分寸，保证谈判的顺利完成。正如卡耐基所说："在筑墙之前，你就应该清楚把什么圈出去，把什么圈进来。"在谈判之前，你必须有目标在胸，心中有数，才能应付自如。

一、设定三级谈判目标

（一）保底目标

保底目标也叫基本目标，这是必须达到的目标。在谈判中，这样的目标是不可放弃的，必须坚持。在谈判全过程中，谈判人员要不惜代价保证达到基本目标，否则就放弃谈判。

（二）最优期望目标

在商务谈判中，最优期望目标是指谈判者力争达到对他最有利的一种理想目标，它在满足谈判者实际需求利益之外，还有一个额外的增加值。当然，在实际的谈判活动中，谈判一方的最优期望目标一般是单方面的可望而不可即的理想点，很少有实现的可能性。因为谈判是各方利益相互兼顾和重新分配的过程，没有哪个谈判者会心甘情愿地拱手把全部利益让渡给他的对手。同样，任何一个谈判者也不可能指望在每个场合的谈判中都独占鳌头。

（三）可交易目标（BATNA）

这一目标机动性很大。在谈判中，保底目标与最优期望目标之间有着必然的内在联系，表面上似乎一开始要价就很高，往往提出己方的最优期望目标。实际上这是一种策略,目的是为了保护保底目标或可交易目标。这样做的实际效果是往往超出谈判者最低限度的需求,然后通过谈判双方反复来回讨价还价,最终可能在保底目标与最优期望目标之间选择一个中间值,即可交易目标。

可交易目标虽不是硬性目标,但作用非常大。建立这个目标的用意首先在于,在谈判中它起到一种交易作用。这个目标的提出和放弃是为了换取其他目标的实现。谈判者放弃它不会带来实质性的损失。这个目标在谈判中具有迷惑作用,使谈判对手产生错觉。当然,可交易目标绝不是任意提出来的,它必须精心设计和塑造,不能让谈判对手轻易识破,否则就不能起到应有的作用。

这种可交易目标,实际上是一种弹性目标。目标富有弹性,谈判即能随机应变,获胜的可能性较大。对于买方来说,最优期望目标即为弹性目标的下限,保底目标即为弹性目标的上限。对于卖方来说,最优期望目标为弹性目标的上限,保底目标为弹性目标的下限。谈判目标应当明确、可靠、易于把握,经过努力可以实现。为此,制订谈判目标应符合下列要求:

时限性:指谈判目标只在一定期限内是恰当的。很明显,未明确规定时间界限的目标是毫无意义的。

数量化:这是指应尽可能使谈判目标数量化,这样的目标才易于把握和核查。当然,并非所有目标都能量化,一些值得追逐的目标只能用定性的条件来表达。

可靠性:这是指选择的目标水平是从实际出发的,充分考虑了企业的资源条件和谈判人员的谈判水平,当然,可靠性并不意味着低水平、低要求,而是指经过奋斗可以实现的。

协调性:这是指各项具体目标之间应该是协调一致的,而不是互相矛盾、相互抵触的。

二、选择适用的谈判策略

制定谈判的策略,其意义是选择能够达到或实现谈判目的的基本途径及方法,谈判策略的制定是基于对谈判各方实力、影响其实力的各种因素的细致认真研究分析的基础上的。制定谈判的策略主要分以下四步:

(1)调查了解对方在谈判中的目的是什么?对方的各级目标是什

么？对方最终要达到一个什么目标？对方可以做出哪些让步？为实现其目标对方最有利的条件是什么？要实现其目标对方最不利的因素是什么？

如果我方能够正确地了解掌握这些信息，那么在整个谈判中就能掌握主动权，就能有针对性地确定出我方的各级谈判目标，可以很好地把握谈判中的利益界限，让对方做出更大的让步，扬我方之长，避我方之短，达到谈判的最高利益目标。

（2）对对方可能提出的各种要求和问题应有所准备，这样就可以避免仓促应战。

（3）明确谈判程序。谈判程序也称谈判议程或谈判流程，通常是指所谈事项的先后次序及主要方法。谈判程序确定得好，谈判的效率就高；谈判程序确定得不够科学，就会影响谈判的效率。

（4）具体的谈判程序，应根据不同的情况来确定，但一般有以下几种情况：

第一种是先易后难。这种程序的确定主要考虑到为整个谈判创造一个良好的气氛，先将容易谈妥的事项确定下来，为谈判较困难的问题打下基础。

第二种是先难后易。这种程序的确定主要是为了突出谈判的重点和难点，先集中将谈判各方的精力和时间放在重要有难度的议题上把这些问题谈清，剩余的问题也就容易取得共识，易于得到解决。

第三种是混合型，即不分主次，把所有的问题都排列出来以供讨论，经过一段时间后，把各种要讨论的意见归纳起来，将已经明确统一的意见放开，再就尚未解决的问题加以讨论，以求最终得到解决。

在确定谈判程序时，还应注意以下两个方面。

程序的相互性。也就是说在确定程序时既要符合我方的需要，也要兼顾洽谈对方的需要。

程序的简洁性。如果在一次谈判中，安排过多的谈判事项，将会造成谈判人员的思想负担。

通常来说，一般的谈判程序应包括以下方面的内容。

谈判何时举行？时间要多久？如果是一系列的谈判，应分几次举行？各次谈判所花时间多久？休会时间多长？谈判在什么地点举行？谈判应讨论哪些事项？谈判不应讨论哪些事项？已列入的讨论事项应怎样确定先后顺序？对每个事项的讨论应各占用多少时间？

第四节　确定开局的立场

我们都知道,开局对于整个谈判过程起着至关重要的作用,它不仅决定着双方在谈判中的力量对比,决定着双方在谈判中采用的态度和方式,同时也决定着双方对谈判局面的控制,进而决定着谈判的结果。

开局阶段中的谈判双方对谈判尚无实质性认识,谈判开局关系到双方谈判的诚意和积极性,关系到谈判格调和发展趋势,一个良好的开局能奠定良好的谈判基础。因此,开局阶段的目标主要是对谈判程序和相关问题达成共识;双方人员相互交流,创造友好合作的谈判气氛;分别标明己方的意愿和交易条件,摸清对方的情况和态度,为实质性磋商阶段打下基础。

为了一开场就能占据主动,在开场时要遵循以下原则:要充分利用平等表达己方观点的机会,语言要准确精练,要有合作精神,能接受对方的合理意见。要达到这个目标,各小组成员就一定要做大量而细致的工作。

(1)利用好信息优势。谈判手需要在充分分析己方所掌握的较全面、较准确的信息基础上,利用信息可能产生的种种效应来谋取优势和主动的地位。这要求谈判手要做好收集、筛选、传递信息的基础工作;精心藏匿己方信息;设法获取对方信息。

(2)制造时间优势。保证己方谈判时间有足够的弹性;设法给对方施加时间压力,迫使对方在时间和精力上增加投资;不盲目守着“底线”;对己方的“底线”严加保密,并主动弄清楚对方“底线”进行进攻。

(3)制造权力优势。设法让对方感觉到己方谈判人员在谈判中的主动性和支配性,从而使对方在心理上承受己方的造势压力。这要求谈判手制造出创造条件获得选择的权力;专业的权力;发挥权力的威慑作用;抓住契机适当运用冒险的权力。

在学习了开局阶段常用的策略、所应遵循的原则、开局氛围等理论知识后,就要引导学生结合案例,实际制定自己小组的开局准备,设定好自己开局的立场。

第五节　撰写开场陈述

开场陈述，是谈判开局阶段的一个重要环节，好的开场陈述，不仅为营造好的开场氛围助力，更为后续的谈判节省时间。

一、开场陈述

所谓开场陈述，是指在开局阶段双方就本次谈判的内容，陈述各自的观点、立场及其建议。开场陈述对谈判中的系列讨论至关重要，一般包括如下内容：

（1）己方的立场。己方希望通过谈判应取得的利益，其中哪些又是至关重要的；己方可以采取何种方式为双方共同获得利益做出贡献；今后双方合作中可能会出现的成效或障碍；己方希望本次谈判应遵循的方针等。

（2）己方对问题的理解。己方认为本次谈判应涉及的主要问题，以及对这些问题的看法建议或想法等。

（3）对对方各项建议的反应。如果对方开始陈述或者对方对己方的陈述提出了某些建议，那么己方就必须对其建议或陈述做出应有的反应。

二、开场陈述的撰写原则和内容

在开场陈述中要给对方充分搞清己方意图的机会，然后听取对方的全面陈述并搞清对方意图。因此，在开场陈述中应遵循如下原则：

（1）开场陈述中只阐述己方立场和观点，不必阐述双方的共同利益。

（2）注意力应放在自己的利益上，不可试图猜测对方立场。

（3）开场陈述是原则性的，而不是涉及具体的价格等要求。

在开场陈述中，必须把己方所持有的对本次谈判所涉及的内容、观点、立场和建议向对方做一个基本的陈述，一般来说采用的陈述方法应是“横向铺开”而不是“纵向深入”地就某个问题深谈下去。因此，所涉及的内容一般为本次谈判的历史；本方对该行业的了解，包括该行业的历史、现状和未来的发展趋势，所面临的直接的、间接的竞争趋势；供给与需求预期；正在寻求的投资与合作的参数与目标；听上去可信的规划和销售期待等。比如在产品贸易中，可能在开场陈述中出现的内容如下：首先，介绍己方产品或服务最与众不同的方面，最能够吸引人的卖点；其次，阐述最能满足对方需求的东西；第三，如果不能合作，对方有什么损失。在开场阐述中不该出现任何具体的报价，或者在价格、交货、股权等方面的任何立场。

由于开场陈述是谈判开局阶段的抢占先机的一个重要环节，它与开局氛围、开场策略一起为创设开局立场服务。因此，根据案例，写出与谈判组所设定的谈判方案风格相符、立场一致的开场阐述是谈判课教学中重要的任务。各谈判组在主谈带领下完成开场陈述的撰写，经过反复的指导修正之后，使每一位同学都能真正明白开场陈述撰写要领，让开场陈述成为本谈判队抢占先机的手段之一。

第六节　撰写谈判方案

完成上述任务之后，各谈判组需要提交本组的谈判方案，在谈判方案中，要体现出如下内容。

一、基础国际商务知识

与谈判案例有关的国际贸易、国际商法、经济学等知识，以及与谈判双方相关的法律法规。比如，在中澳羊毛收购案中，所罗列的相关的基础国际商务知识为：

Incoterms 2000 (CIF), UCP 500; *United Nations convention on the international sale of goods*, *Detailed Rules for Applying and Distributing Import Tariff Quota of wool and wool tops, 2007*; *Customs Law of the Peoples Republic of China*; Relevant regulations of general administration of quality supervision, inspection and quarantine of China; *International Convention for Harmonized Commodity Description and Coding System*; (Incoterms 2000 (CIF)、UCP 500、《联合国国际货物销售公约》《2007 羊毛毛条进口关税配额管理实施细则》

《中华人民共和国海关法》《中国国家质量监督检验检疫总局相关条例规定》《商品名称及编码协调制度的国际公约》等贸易知识。

二、SWOT 分析及结论

用表格方式列出谈判双方的优势、劣势、机会和威胁。

	Part A	Part B
S ,	Advanced technology and equipment; Great amount of consumption of non-degreased medium-fine wool A large-scale wool textile production enterprise Many suppliers No use of Super-fine & extra-fine wool	Specializing in livestock breeding and wool selling with a century old history; Having many long-term partners from China; High quality of wool High export quotas
W	The yearly plan madedepending on medium-fine wool Urgent need of it Having more competitors	A decrease of 6% of medium-fine wool, but an increasing of 5% of superfine, extra-fine wool and 2% of coarse wool Livestock development and the variety improvement greatly impacted Oversupply of super-fine & extra-fine wool
O	L/C payment term Big order Long and friendly relationship Domestic wool yield increases Other suppliers	Good quality of wool Long and friendly relationship Many Chinese partners Great need of imported Australian wool
T	Limited Time Sharp-rise in price and short-supply of medium-fine wool on the international market 60% of wool imported from Australia Kosil has other partners	Export mainly to China Over-supply of supper-fine and extra-fine wool Other competitors domestically and abroad China' tariff quota on Australian wool import.

做出综合分析和结论。要分析双方的谈判地位并得出结论，根据结论阐述本方的谈判原则、策略和总体思路，从谈判开局到谈判的核心点，谈判的三级目标，成交条件设定及退让方案以及谈判的策略和团队构成。

完成了以上的谈判前的准备工作，即将进入模拟谈判，这时候谈判组的每一位同学需要完成的工作就是根据自己所扮演的角色，写出十个问题，并做出相对应的答案，为模拟谈判做好准备。

这种项目管理任务驱动式的教学方法，突破了课堂的限制，使每一位同学都参与到学习中，配合理论知识的学习，在主谈带领下，充分利用课外时间，通过谈判前各个环节的准备工作的实操，不仅加深了对理论知识的理解，又提高了实际分析问题、解决问题的能力，更增进了同学间的关系，使原本枯燥乏味的理论学习变得真实而有意义了。

第九章　商务英语谈判教材的建设与评价

第一节　商务英语谈判教材的建设

一、商务英语谈判教材的建设情况

2018年教育部发布新的《高等学校商务英语专业本科教学质量国家标准》，为培养我国商务英语专业创新人才、提高人才培养质量提供了专业的规范与指导。其中教材建设是培养合格商务英语人才的重要环节，教材建设的重要性不言而喻。

我国商务英语谈判教材的建设相对起步较晚，20世纪80年代后期，随着谈判学开始走进大学课堂，教材作为教学内容的载体，作为正常教学活动的媒介工具开始得以开发。由于谈判本身的复杂性与国内理论研究的不成熟导致教材的编撰缺乏正确的方法指导，我国现阶段还鲜有能够完全满足本科阶段商务英语专业国际商务谈判课程教学需要的教材。

目前，国内高校所采用的谈判教材分为国外原版教材和国内自编教材。国外对谈判学研究起步早，可借鉴的地方较多，不少的理论源于谈判专家在谈判过程所积累的实战经验，但经验之谈作为教材供毫无谈判阅历的学生来使用，其实并不合适；而且外国谈判专家所编撰资料的逻辑思维、理念等也不完全适应中国国情；同时大学生缺乏相关理论与特有的谈判语境，大量的专业词汇也成为阻碍我国学生阅读国外谈判教材的绊脚石。相比之下，国内商务谈判教材存在的较大问题则是谈判理论老旧，缺乏独到见解，缺乏中国特色，大多都是照搬国外教材的内容，编者自身对谈判理论理解不够深入，案例陈旧，整本教材缺乏创新性、系统性、逻辑性。

从内容上看，现在英语专业学生使用的谈判教材可划分为理论型教材与语言教授型教材。有些教材专门介绍商务谈判的学科性知识，着重策略、技巧的讲解，课后练习缺少实训指导方法，很容易成为商务谈判方面的阅读教材。另一类教材则是按照国际商务活动环节或外贸流程设置不同场景，培养学生英语口语表达能力，缺乏理论的支撑，其实质是以商务谈判为内容的英语口语教材。

针对目前商务谈判教材的实际情况，与时俱进，结合最新谈判案例，理论联系实际，以适应商务英语本科教学目标及商务谈判课程教学目标，能并提高学生学习的兴趣的教材建设显得尤其重要。

二、商务英语谈判教材的原则

（一）真实性

20 世纪 90 年代以来，国际上发表的有关外语教材的论文和著述反映“真实”（authentic）是现代外语教材的重要特征，即在目标方面要迎合真实的交际需求，在选材方面具有真实的交际内容，在练习方面提供真实的交际环境和真实的交际任务，把学生和老师视为真实的交际对象。该原则套用到谈判教材上来说，即教材目标要迎合真实的谈判需求，选材方面要具有真实谈判交际内容，练习方面要提供真实的谈判语境、谈判任务和目标，把学生和老师视为真实的谈判方，浸入到真实的谈判需求中去。

如上所述，现代商务英语谈判教材应该追求三个真实性，即目标的真实性、材料的真实性、练习（任务）的真实性。

目标的真实性：

学生学习商务谈判的目的是什么？社会和人才市场对他们商务沟通以及谈判交流能力有哪些需求？当代教育的目标是什么？事实上，人才市场招聘广告对商务人才的要求，国际公务和商务的日常活动所需要的能力，例如，在国际沟通与谈判中，正确的沟通理念和基本的沟通方法，如何分析案例，解决实际问题，平衡处理沟通过程中所遇到的错综复杂的风险、策略、利益关系等，都是真实的需求，也就是商务谈判教学的目标，也应当成为教材的目标。

材料的真实性：

真实的材料是指社会上流通的、人们日常接触到的各种材料。凡是为了教学目的而编写、简写、改编、剪辑、修正过的就不是真实的材料。在商务英语谈判教材中，材料的真实性特指案例的真实性，即真实发生过的商务谈判成功案例，而非为了迎合教材的某一具体内容而改编过或者无中生有“创造”出来的案例。但是，一方面由于商务谈判涉及国际与国内商务，谈判案例极其浩瀚，所以收集合适的案例对选编工作会带来较大困难；另一方面，各种商务谈判活动系企业的秘密，搜集起来又十分受限。保证案例的真实性又能避免造成误会，这对编者来说实在具有挑战。所以，这要求商务谈判教材的编写者要拥有丰富的“亲身经历”案例——或自己所经历谈判，或调查研究后编写而成。但无论如何，编者必须有追求真实案例材料的态度。

练习 / 任务的真实性：

真实的语言学习任务是指社会交流所需要的，人们日常生活中、工作中、娱乐中所要进行的语言活动。如果在课堂要学生做的语言练习到真实社会一样能用，就是真实的任务。例如，没有人在真实的社会被要求做判断题或者名词解释填空题，这种练习就不算是真实的任务。提供了真实语言材料的教材不一定能提供真实的练习或任务。商务英语谈判练习的真实性源于真实谈判语境创设，要与学生的学习和交际动机、谈判需求以及思想情感有关，才能产生有效的刺激，有真实的谈判交际反应。具体说来，学生在看到练习或者任务之后，要能激发他们作为谈判人员的知识、经验、情绪、情感等因素，有协调彼此的利益关系又想要满足各自需求的谈判愿望和需求。运用多种真实的任务来进行商务英语谈判教学才能够使教学真实化、交际化，学生在用中学、在学中用，在真实的商务沟通中运用语言艺术和谈判技巧来实现谈判的成功。

（二）整体性

一套现代化的商务英语谈判教材除了追求真实性原则之外，还应该遵循整体性原则，包括统揽考虑课程内容、目标、要求的一致性，必修知识点和选修内容之间的关系，主体教材和同步配套资料完善等一系列的问题。

商务谈判的最终目的是获利，而商谈的最佳结果是达到双赢或者多赢。国际商务谈判者要想获得谈判成功,或避免在谈判中陷入被动,就必须掌握良好的谈判策略和技巧,而且具备广阔的国际视野和跨文化的知识储备。与此同时,良好的外语功底和语言技巧有助于降低谈判的交际成本,提升交流的乐趣。作为谈判课程的载体,教材应该在内容、目标与要求等方面形成一个完整的体系,其中语言技能、语言知识、谈判技巧、策略、情感、文化等内容和目标相互结合、相互渗透、相互支持、相互补充,有机结合;另一方面,因为知识点众多,谈判案例浩瀚,商务谈判教材应该充分考虑必修知识和选修知识之间的关系,即以必修知识点为基础,为学生构建一个"共同发展的基础"。必修的内容在一定程度上是课程内容的整合与综合体现,而选修内容是在必修知识学习基础上的进一步延伸和发展;整体性原则还体现在主体教材编写的同时,整体考虑配套音频视频、教师教学用书、配套案例分析、同步评价手册、谈判实用词汇手册等的配套资料完善和立体化建设。教材配套资料的完整性是评估教材质量的重要标准,好的教材应该有多样性的完整的立体教材。

(三)时代性

随着更新的外语教学理念和原则以及方法的普及应用,不少现代外语教材已经具有鲜明的时代特征。现代英语教材在指导思想、培养目标、教学内容和联系方面体现出三个"贴近",即贴近时代、贴近人才市场的需求和贴近人的生存发展需求。

21世纪是信息的时代,信息瞬息万变,知识日益更新,这是信息时代的特征之一。信息时代促使教育发生了翻天覆地的变革,教育职能从教师传授知识转变为培养人去发现知识、处理知识、更新知识和创造知识的能力。面向信息时代的英语教学也从传授语言知识转变为培养学生寻找、接收和处理外语信息的能力,具体体现在商务英语谈判教材的编写上,编写理念应该由传统的商务谈判知识的普及转变成培养学生去探索和体会国际商务谈判的各个环节,谈判如何准备,有何种磋商策略,如何化解僵局,签约有哪些须知,谈判可以使用什么语言技巧,需要具备什么样的心理素质等,能够理论联系实践去具体分析案例,解决实际问题,平衡处理沟通过程中遇到的错综复杂的风险、策略、利益关系等。

21 世纪是跨文化交际的时代，不同文化背景的人在使用英语作为国际流通语时，“相同的”语言常常带有“相左”的话语含义。在国际谈判中，不同的文化习俗和行为规范在语言的显性和隐性表现会造成某种误解、隔阂、冒犯、难堪等“冲突”。要避免这些冲突和在冲突发生时及时适当地解决冲突和矛盾，人们需要在学习英语的同时增强多元文化知识、增强跨文化的意识，掌握跨文化交际的技能。商务英语谈判教材除了提供谈判各个方面的知识储备，同样要介绍不同国家和地区谈判者的谈判风格，文化禁忌和相关礼仪，并引导学生在不同的文化背景下，模拟和体验不同的谈判风格，规避不同文化下谈判的禁忌。

21 世纪是人才追求自我发展和可持续发展的时代，由信息时代的飞速发展所带来的压力和挑战，要求人们需要学会学习，活到老学到老，需要学会合作、团结、沟通和协调，需要学会情感的自我疏导和调节。语言学习的同时是一种思维方法和学习方法的培养、情感的调适和品格的教育相结合的过程。现代商务谈判教材应该培养学生在谈判交际中解决语法、语用、语义和理解说话人的态度、主题、动机等问题的能力，培养学生在谈判中克服自卑、羞怯、恐惧等负面心理，培养自信心、自控力和韧性的能力；培养在谈判中任务分工明确、团结合作的精神，以及在模拟谈判情境中，体会共同协作、达到商谈最佳双赢或多赢后的成就感和满足感。

（四）思想性和政治性

2020 年，我国教育部印发《高等学校课程思政建设指导纲要》的通知，要求把思想政治教育贯穿人才培养体系中，全面推进高校思政建设，发挥好每门课程的育人作用，提高高校人才培养质量。其中在结合专业特点分类推进课程思政建设中，经济类专业课程要求在课程教学中坚持以马克思主义为指导，加快构建中国特色哲学社会科学学科体系、学术体系、话语体系。要帮助学生了解相关专业和行业领域的国家战略、法律法规和相关政策，引导学生深入社会实践、关注现实问题，培育学生经世济民、诚信服务、德法兼修的职业素养。

教材是人类知识及其精神产品的精华，是学校教育资源目标的重要载体，也是教学的重要资源。思政课堂的建设离不开思政教材的开发，要将思政元素融入现代化教材建设中去。现代化的商务谈判教材当然要体现思想前沿性,帮助学生树立正确的“三观”,譬如介绍国际商务谈判的章节,在让学生理解国际商务谈判的基本概念时,就该埋下“诚信友善”的课程思政元素“引线”,供教师在课堂上进一步组织探讨,深入学习;编写国际商务谈判准备的章节,在介绍国际谈判信息、谈判方案准备的时候突出“团队精神、责任担当”;国际商务谈判开局中的“和谐共赢”;制定和实施让步策略中的“创新意识”,僵局处理的“竞争与和平”;合同与签约的“诚实守信”;一对一模拟谈判中的“责任担当”;国际商务谈判沟通中的“文明和谐”;国际商务谈判礼仪时的“文明弘扬”;不同国家和地区谈判风格时的“文化自信”;小组模拟谈判中的“合作精神和责任担当”等。

具备思政元素的教材与注重理论与知识的一般课程教材不同,融入思政元素的教材体现了其政治性和思想性,思政是立德树人的关键,是学生价值观塑造和价值引领的主渠道,是抵御各种错误思潮和观点的防火墙,承载着“为党育人、为国育才”的责任和使命,而衔接教育者与被教育者的一个重要的载体或介质就是教材。具备思政元素的谈判教材能帮助锻炼提升学生的心理素质,树立正确的谈判观念,使学生能够冷静沉着面对谈判中的僵局、威胁、诱惑,并使学生能够树立保密、谨慎的职业素质,培养学生遵纪守法、不为私利损害国家、集体和他人利益的职业道德。

(五)科学性

教材的编写要符合客观规律,教材内容和教材安排要体现循序渐进的原则,从易到难,从简单到复杂,不同阶段的教学内容和要求应各有侧重。充分体现学生认知能力发展的特点,学习特点和课程目标的要求,采用模块式或者循环式编排方法,系统地安排教学内容。以商务谈判教材为例,因为商英谈判是一门技能型的课程,有着实用性和操作性强的特点,针对这一特点,其专业教材可以以模块的形式进行编排,譬如“商务谈判基本素质模块”“商务谈判策略与技巧模块”“语言技巧模块”“商务谈判前准备模块”“商务谈判程序模块”“国际商务谈判模块”等。每个模块一个主题,开篇案例引出主题,在模块中穿插相关案例佐以分析,结尾以案例强化主题,归纳要点,提出问题和思考。先前模块介绍商务谈判的定义、类型与基本形式,谈判规则等,后续模块介绍策略与技巧，基本知识储备之后，进入真实谈判环节，让学生在一定的情境中不断接触、复习、实践先前的知识点并学习新的知识，复习与新授课交替进行，理论指导实践。保证重要知识点有足够的再现率，由易到难，从简单到复杂逐步过渡、逐步加深。这种模块式、螺旋式编排体系有利于教学，符合学习者的认知规律，是教材科学性的体现。

我国外语教学正处在一个新旧更替、推陈出新的历史阶段。新教材是否顺应时代潮流，是否在指导思想、教学目标、内容和方法上以人为本，以交际为目的，注意选材和练习的真实性，已成为十分重要的学术问题。这对教材的建设者而言，带来了新的挑战。一本现代化的贴近时代的商务英语谈判教材应该要满足目标、材料和练习（任务）的真实性；遵循整体性原则，统揽考虑课程内容、目标、要求的一致性；贴近时代、贴近人才市场的需求和贴近人的生存发展需求；引入思政元素，锻炼提升学生的心理素质，树立正确的谈判观念；符合客观规律，具备科学性原则。

第二节　商务英语谈判教材的评价与推介

教材与教育思想、教学原则、教学方法、教学理论与实践息息相关，是各种教学理念、教学途径、方法和手段的具体实现。编写现代化商务英语谈判教材要遵循真实性、整体性、时代性、思想性和政治性、科学性的原则，选择合适的教材也需要了解其现代功能与特色；使用教材需要应用编者所推介的教学方法，实践教材所编写的教学理念；评价现代外语教材需要现代“教育观”“教学观”“教师观”“学生观”“人才观”“质量观”等全新的教育理念指导的评价标准。事实上，教师在真正的教学过程中，不管有意识或者无意识，自觉与否，具备相关科学知识与否，都会经历教材的选择、补充、删减、改造、再创作、使用和评价过程。

一、商务英语教材的评价目的和研究

教材评价的目的无外乎有三种：第一，为了选择、综合评价系列教材的优缺点，从而找出并选择合适的教材；第二，为了检验教材投入使用后的效果，从教材的使用者——学生和教师的角度去检验该教材是否

达到预期效果,能否满足需求;第三,作为编写和设计的依据。商务英语教材评价的研究无外乎围绕这三种目的而展开。

笔者在知网上以"教材评估"作为主题词检索,再在结果中搜索"商务英语",截止到2020年12月15日,一共查到56篇文献。其中,24篇是基于某一评估理论针对某一具体教材所做的研究与探索,大多为了检测某具体教材投入使用后的效果,大致为了两类:一类是特定的标准评论教材本身的质量,属于教材评论;另一类是结合教材使用者评价教材的适用性。如赵灿(2018)在McDonough & Shaw的教材评估理论指导下,结合Hutchinson & Waters的需求分析模式,采用问卷调查,半结构访谈以及实地观察等方法,对《体验商务英语综合教程》进行较为系统的评估,从外部评估和内部评估两个方面对该教材的优点和不足进行了探讨;类似的研究还有王雪飞(2017)研究cunning sworth(2002)ESP教材评估标准,并在Hutchinson & Waters需求分析理论的基础上提出一套综合的评估标准,对《国际贸易实务》课程教材进行针对性的评估和分析,并提出相应的改进意见。这些文献涉及多部商务英语教材的评价,有《商务英语阅读》《体验商务英语》《商务英语综合教程》《剑桥商务英语》《商务英语教学》《国际贸易实务》《商务话语》《商务英语教学研究》《商贸法规英语》《新编剑桥英语》《商务英语口译》《世纪商务英语口语教程》等。另外还有一部分研究(9篇)相比之下稍宏观,不再是针对某一套教材的评价,而是基于几套教材之间的横向对比研究,倾向于为选择教材而做的评价。高利芬和侯艳芳(2020)综合运用国内外主流教材评价理论,选取当前使用较为普遍的四套商务英语谈判教材,分别从宏观、微观视角比较分析了这四套教材的异同,并结合《国标》对这四套教材进行横向分析;无独有偶,贾蕃(2017)针对《高等学校商务英语专业本科教学要求》提出的本科商务英语阅读能力培养目标,对比分析了四本商务英语阅读教材,研究发现各教材的优缺点,为选择与编写本科商务阅读教材提供建议;张弛(2016)选取四本特色不同、方向存在差异的商务汉语写作授课的主流教材,通过分析对比这四本教材的优劣高下来揭示当今商务汉语写作教材研究的发展现状,同时也为未来教材编写工作提供启发和借鉴。除了这两类研究,还有一些文献综述研究,如高校本科商务英语教材研究述评(朱红梅,2016);一些基础研究从宏观角度探讨商务英语专业综合教材评估表或评价标准(潘薪竹、闫超亚,2013;潘薪竹,2012;林洁,2010;董洪学等),这方面研究主要是为了教材编写和设计提供依据。

综上，在商务英语教材研究上，不少学者做了有益的尝试，取得了一些成果，但总的来说，研究总量偏少，未形成规模。目前已有的研究主要分为三类。第一类也是最主要的研究是基于已有的评价标准或理论，针对某一投入使用过的特定教材，采用调查问卷或调查问卷加访谈的方式，从教材直接使用者——教师和学生的角度来分析该教材的优劣，此类研究的目的是为了检测效果所做的评价，看该教材是否适合使用者的水平，是否能满足其需求，能否有效地引导学生进步？该教材对教师的教学操作难易度如何？该教材编写者的理念和意图是否在使用中得到有效的体现？具体有哪些需要修改？第二类研究与第一类相似，是基于几种教材之间横向的比较，客观评价各本教材优劣，这类研究主要是为选择教材所作的评价。每一套教材都有各自倡导的路径和方法，表现在内容的组织方法和对使用者的期望。例如，以什么为中心或重心，以哪种理念为支持，通过什么途径培养何种能力？第三类研究属于基础研究，从宏观的角度来研究教材评估方法或者评估标准。这类研究间接为编写设计教材提供理论依据。商务英语教材评估这三类研究相辅相成，紧密联系。基础研究（评估方法或标准）为应用研究（一套教材的评估或几套教材的比较评价）提供依据，应用研究提供丰富材料去支持和丰富理论，促进新评估方法或者评估标准的产生。

二、商务英语谈判教材评估的研究

商务英语谈判课程是一门培养学生用英语进行商务谈判的专业核心课程，在课程设置中占据重要地位。作为课程教学载体的谈判教材是培养合格商务谈判人才的重要媒介，其质量直接影响到课堂教学效果和学生自主学习的效果。但国内商务英语研究涉及此课题的深度和广度都不够，不论是对商务英语谈判教材的建设，还是针对谈判教材评估的研究都少之又少。目前市场上商务英语谈判教材数量不少、种类繁多，如何编写或者选择一本遵循真实性、整体性、时代性、思政性和科学性原则的现代化商务英语谈判教材仍是一大难题。

关于商务英语谈判教材的评估，在知网中近十年来仅搜索到 4 篇文献。 高利芬、侯艳芳（2020）在 2018 年教育部发布新的《高等学校商务英语专业本科教学质量国家标准》指导下，以程晓堂（2002）和乔爱玲

（2002）的评价理论为理论依据，从宏观视角和微观视角对目前高校商务英语本科院校使用较为普遍的四本商务英语谈判教材《商务英语谈判》《国际商务谈判与沟通》《国际商务谈判》和《国际商务谈判：理论、案例分析与实践》进行对比分析。其结果表明：从宏观角度来看，这四部教材的优点在于都体现了《国标》中所规定的商务英语专业的教学目标，即培养具有扎实基本功、人文素养及国际视野，能掌握语言学、经济学、管理学与法学等基础理论与知识，熟知国际商务通行规则与惯例，同时具备一定英语应用、商务实践、跨文化交际、自主学习和创新能力，可从事国际商务工作的复合型应用人才；这四部教材的缺点在于教材之间内容重复率高，不能很好把握《国标》界定的范围，对教学内容把握不完全准确，教材的系统性、规范性和科学性欠缺，未能完全满足对学生商务知识复合、应用和实践能力导向要求。从微观视角来看，单元结构大同小异，教材单元学习目标不明确，沿袭了传统的语言类课程模式设计教学思路；从语言技能训练和谈判技能训练角度来看，这些教材存在重语言、轻商务的现象，忽视了教材的情境性，缺乏真实性原则。教材中存在的问题显然不符合《国标》中描述的培养学生在真实情境和交互中的商务沟通能力、跨文化交际能力及多种思维能力；从教材组成部分来看，这四套教材没有配套的教师用书，在配套资料完善和立体化方面还需加强，与资质教材配套的电子课件、视频、音频等线上资源库极度匮乏。经过详细的分析之后，作者针对对比分析发现的问题，提出针对性的建议：一是要构建商务英语谈判立体化教材；二是要通过融入现代教育技术和信息技术来丰富商务英语谈判教材的内容和学习途径；三是符合时代发展，具备时代性，开发适合不同专业和层次的学生使用的商务英语谈判教材。

商务英语教材研究研究总量偏少，未形成规模，而对商务英语谈判教材的研究就更是凤毛麟角，十分欠缺。商务英语谈判教材如何建设，如何评估？有无一套完整的更有针对性的评估体系或者标准？如何挑选适合学生的优质谈判教材？这些都是商务英语谈判教学亟待解决的难题，也将是相关学术研究者未来研究的方向。

三、商务英语谈判教材的推介

国内商务英语谈判教材繁多，根据高利芬、侯艳芳（2020）的研究调查,2004—2018年国内近15年来出版的相关商务英语谈判教材书目共96本(不含教辅自学类书籍及研究类著作)。其中适合商务英语高职高专的教材13本,经济管理国际贸易类专业43本,还有其他对象不明专业20本,而真正适合商务英语本科的商务英语谈判教材仅有20本,占比20.8%。可见,商务英语谈判虽然是商务英语专业的核心课程,其教材数量却远远不够,编写和出版适合商务英语本科专业的商务谈判教材显得尤为必要,且任重道远。

笔者根据多年教授商务英语谈判课程并多次选教材的经验加上来自各个渠道的书评和教材评估研究,在此介绍适合商务英语本科专业的两本教材,一本为2009年高等教育出版社出版由宋格兰主编的《国际商务谈判》;另一本为2018年复旦大学出版社出版由窦然主编的《国际商务谈判》(英文,第二版)。每一套教材都是一种指导思想的表现形式,也是教学目标的表现形式。教材有特定的对象和适合水平。因此,教材推介一定涉及该教材的编写指导思想、采用的方法路径、具体的教学目标、适合的对象与水平、教学内容的侧重点以及练习特色等。接下来将从教材编写指导思想、采用方法路径、具体教学目标、适合对象与水平、教学内容侧重点和练习特色等六个方面对两本《国际商务谈判》教材进行分析和推介。

高教社版《国际商务谈判》(2009)指导思想明确,是为商务英语专业、英语专业商务英语方向高年级学生而编写的专业教材,也可以作为国际贸易、国际金融、国际企业管理、英语专业等专业学生高年级的选修课教材,还可供研究生以及从事商务工作的人士使用。从指导思想来看,该教材体现了《国标》中有关商务英语专业的教学目标,旨在培养具有扎实基本功、人文素养及国际视野,能掌握语言学、经济学、管理学与法学等基础理论与知识,熟知国际商务通行规则与惯例,同时具备一定英语应用、商务实践、跨文化交际、自主学习和创新能力,可从事国际商务工作的复合型应用人才;从教材内容上来看,全书分为四大部分,共十五章。第一部分:谈判的各个阶段,包括谈判准备、谈判团队、讨价还价、战略和策略、结束谈判。第二部分:具体谈判形式,包括贸易谈判、合资企业谈判、技术转让谈判、合同谈判、多方多阶段谈判。第三部分:谈判的其他方面,包括再谈判、因特网谈判。第四部分:谈判中的文化因素,包括谈判与文化、谈判礼仪、谈判道德。全书各部分衔接有序,各章既相互呼应又各自独立,每章由六部分组成,各部分包含学习目标、引言、谈判相关知识、总结、注解和练习，在各章节标题下，还明确列出了该单元的学习要点或学习目标；从语言技巧训练来看，该教材注重词汇，含有词汇表和短语释义，增加了详尽英文释义；从谈判技能训练来看，该教材设有案例分析，内容较丰富；从完整性来看，该教材虽没有配备教学用书，但是提供了包含教师笔记、课后练习答案、案例测试、谈判视频及视频文本的网址。

复旦大学出版社出版由窦然主编的《国际商务谈判》(第二版，2014)指导思想同样明确，适合中国高校相关专业的学生、进修生、来华留学生以及从事涉外商务工作的相关人士，被列为复旦大学出版社“21世纪国际经济与贸易专业教材系”。本书为全英文版，以浅显地道的英语和清晰完整的层次结构，有创意地将实际案例与理性分析糅合在符合现代高教特点的教材中。从教材内容上来看，本书由12章组成，涉及国际商务谈判的各个环节和相关知识，如谈判的准备与开局、磋商策略、僵局化解、签约须知、语言技巧、心理素质、不同国家和地区谈判者的谈判风格和相关礼仪，等等。本书紧扣“国际”二字，围绕“应用”这个主题，将一个个生动的国际商谈案例串联于全书始终——每章先以开篇案例引出主题，接着在主要节目中穿插相关案例佐以分析，最后以结尾案例强化主题、归纳要点，提出问题与思考。全书用这种有节奏地将读者引入各种国际商务谈判情景的方式，以期达到持续激发读者学习兴趣、强化对谈判策略的理解和相关技巧掌握的目的；从语言技巧训练来看，该教材偏重理论讲解，仅提供关键词和定义；从谈判技能训练来看，该教材设有丰富而生动的国际商务谈判案例，各种谈判策略与相关技巧；从练习的编排上，每章后留有一案例，然后留有5 ~ 10道讨论题供学生思考与讨论。

总的来说，这两套教材各具特色、各有亮点，编写指导思想明确，拥有具体的教学目标，适合目前高校商务英语专业本科生高年级学生学习，教学内容兼顾语言技巧与商务谈判技能。但是，两套教材都缺乏配套辅导材料的完整性，存在立体化不足和没有充分使用现代教育技术的问题。

未来商务英语谈判教材的建设仍然任重而道远，其一，应该以《国标》为导向，加强商务英语谈判教材的立体化建设，融入现代教育技术和信息技术，配备教师用书、电子资料库包括电子教材，电子教案，习题库，视频音频动画，教学PPT等；其二，商务谈判教材应该定位明确，目标读者细化，遵循真实性、整体性、时代性、思政性和科学性原则，语言技能培养和谈判技巧培养并重，符合国情和谈判人才培养的需求；其三，加大对商务英语谈判教材数字化技术的开发，创建多元化的商务英语谈判数字资源，搭建创新性个性化教学平台，最终为培养国际化、复合应用型商务谈判人才服务。

第十章　商务谈判课程教学设计

教学设计是根据课程大纲的要求和教学对象的特点，将教学诸要素有序安排，确定合适的教学方案的设想和计划。一般包括教学目标、教学重难点、教学方法、教学步骤与时间分配等环节。

国内外学者对于教学设计的界定有着不同的表述。加涅曾在《教学设计原理》（1988 年）中将其界定为："教学设计是一个系统化（systematic）规划教学系统的过程。教学系统本身是对资源和程序做出有利于学习的安排。任何组织机构，如果其目的旨在开发人的才能均可以被包括在教学系统中。"

帕顿（Patten，J. V.）在《什么是教学设计》一文中指出："教学设计是设计科学大家庭的一员，设计科学各成员的共同特征是用科学原理及应用来满足人的需要。因此，教学设计是对学业业绩问题（performance problems）的解决措施进行策划的过程。"

赖格卢特（Charles M. Reigeluth）对教学设计的定义同对教学科学的定义基本上是一致的。因为在他看来，教学设计也可以被称为教学科学。他在《教学设计是什么及为什么如是说》一文中指出："教学设计是一门涉及理解与改进教学过程的学科。任何设计活动的宗旨都是提出达到预期目的最优途径（means），因此，教学设计主要是关于提出最优教学方法的一门学科，这些最优的教学方法能使学生的知识和技能发生预期的变化。"

梅里尔（Merrill）等人在新近发表的《教学设计新宣言》一文中对教学设计所作的新界定值得引起人们的重视。他认为："教学是一门科学，而教学设计是建立在这一科学基础上的技术，因而教学设计也可以被认为是科学型的技术（science-based technology）。"

美国学者肯普给教学设计下的定义是："教学设计是运用系统方法分析研究教学过程中相互联系的各部分的问题和需求。在连续模式中确立解决它们的方法步骤，然后评价教学成果的系统计划过程。"

尽管表述各异,但还是体现了较高的共性。即教学设计是在分析教学需求与问题的基础上,进一步确定解决教学问题的步骤和方案,通过评价和反馈来检验方案实施的效果,并修订完善方案,以优化教学的一种规划过程操作。

第一节 教学设计的理念

《商务英语谈判》是商务英语专业核心主干课程,其教学对象为商务英语专业大三的学生,旨在培养既有扎实的谈判专业知识和能力,又有爱国、诚信、敬业、合作等品质的复合型国际商务谈判人才。

《商务英语谈判》教学设计要根据教学对象和教学目标,确定合适的教学起点与终点,将教学诸要素进行有序、优化的安排,形成教学方案。运用系统方法科学解决教学问题,以教学效果最优化为目的,以解决教学问题为宗旨。总之,教学设计是为了提高教学效率和教学质量,使学生在单位时间内能够学到更多的知识,更大幅度地提高学生各方面的能力,从而使学生获得良好的发展。

一、谈判教学设计的原则

(一)系统性原则

教学设计是一项系统工程,它是由教学目标和教学对象的分析、教学内容和方法的选择以及教学评估等子系统所组成,各子系统既相对独立,又相互依存、相互制约,组成一个有机的整体。在诸子系统中,各子系统的功能并不等价,其中教学目标起指导其他子系统的作用。同时,教学设计应立足于整体,每个子系统应协调于整个教学系统中,做到整体与部分辩证统一,使系统的分析与系统的综合有机地结合,最终达到教学系统的整体优化。

(二)程序性原则

教学设计是一项系统工程,诸子系统的排列组合具有程序性特点,即诸子系统有序地成等级结构排列，且前一子系统制约、影响着后一子系统，而后一子系统依存并制约着前一子系统。根据教学设计的程序性特点，教学设计中应体现出其程序的规定性及联系性，确保教学设计的科学性。

（三）可行性原则

教学设计要成为现实，必须具备两个可行性条件：一是符合主客观条件。主观条件应考虑学生的年龄特点、已有知识基础和师资水平；客观条件应考虑教学设备、地区差异等因素。二是具有可操作性。教学设计应能指导具体的实践。

（四）反馈性原则

教学成效考评只能以教学过程前后的变化以及对学生作业的科学测量为依据。测评教学效果的目的是为了获取反馈信息，以修正、完善原有的教学设计。

二、教学设计步骤

（1）教学设计要从“为什么学”入手，确定学生的学习需要；在课程的导学内容中，教师可以设计一个问题让学生讨论，即“为什么要学习商务谈判这门课程”，根据学生的回答，了解学生的学习需求后，教师介绍教学目标。该课程的教学目标包括三个部分：知识目标、能力目标和思政目标。知识目标是指谈判的知识学习，包括谈判的特征、原则、类型、流程、礼仪等。能力目标是指谈判的能力培养，包括谈判的策划、沟通的技能、思辨和应变力等。思政目标是谈判人员的道德素养，包括爱国、诚信、敬业、合作精神的培养等。

（2）根据教学目标，进一步确定通过哪些具体的教学内容才能实现教学目标，从而满足学生的学习需要，即确定“学什么”；《商务英语谈判》课程不仅涉及社会学、行为学、心理学、管理学、逻辑学、语言学、传播学、公共关系学、跨文化交际以及与众多经济、技术科学交叉的内容，而且更注重对各学科知识的融会贯通和灵活运用，这就要求在课堂教学过程中不仅要向学生讲授谈判的基本知识，而且要通过实训努力提高学生对相关学科知识的应用水平,全方位培养学生的谈判能力。在多学科的巨大信息量中选择有针对性的内容,这是对老师的挑战。

(3)要实现具体的教学目标,使学生掌握需要的教学内容,应采用什么策略,即“如何学”;如何传授这些知识,如何训练学生实现教学目标,这需要根据不同的教学内容、教学对象和教学环境等要素来选择教学方法和设计教学流程。

(4)要对教学的效果进行全面的评价,根据评价的结果对以上各环节进行修改,以确保促进学生的学习,获得成功的教学。评价体系主要从学生、教师两方面进行评价。课程评价表内容分成教师工作和学生表现两个部分,针对教师的评价包括教学内容、教学方法、教学效果;针对学生的评价包括方案的设计、模拟实施和团队合作三个部分。评价贯穿整个教学过程,每周设计的小组项目表涵盖学生互评和师生互评栏目。教师针对评价调整教学设计。

第二节 课程教案设计

教案是教师为顺利而有效地开展教学活动,根据课程标准、教学大纲和教科书要求及学生的实际情况,以课时或课题为单位,对教学内容、教学步骤、教学方法等进行的具体设计和安排的一种实用性教学文书。教案包括教材简析和学生分析、教学目的、重难点、教学准备、教学过程及练习设计等。教案应当是课堂教学思路的提纲性方案。教案中对每个课题或每个课时的教学内容、教学步骤的安排、教学方法的选择、课件设计、教具或现代化教学手段的应用、各个教学步骤教学环节的时间分配等,都要经过周密考虑、精心设计而确定下来,体现着很强的计划性。

编写教案要依据教学大纲和教科书。从学生实际情况出发,精心设计。一般要符合以下要求:明确地制订教学目标,具体规定传授基础知识、培养基本技能、发展能力以及思想政治教育的任务,合理地组织教材,突出重点,解决难点,便于学生理解并掌握系统的知识。恰当地选择和运用教学方法,调动学生学习的积极性,面向大多数学生,同时注意培养优秀生和提高后进生,使全体学生都得到发展。

编写教案的繁简,一般是有经验的教师写得简略些,而新教师写得详细些。平行班用的同一课题的教案设计,根据上课班级学生的实际差异可有所区别,原定教案,在上课进程中可根据具体情况做适当的必要的调整,课后随时记录教学效果,进行简要的自我分析,有助于积累教学经验,不断提高教学质量。

在实际教学活动中,教案起着十分重要的作用。编写教案有利于教师弄通教材内容,准确把握教材的重点与难点,进而选择科学、恰当的教学方法,有利于教师科学、合理地支配课堂时间,更好地组织教学活动,提高教学质量,收到预期的教学效果。

一、教案编写的原则

教学是一种创造性劳动。写一份优秀教案是设计者教育思想、智慧、动机、经验、个性和教学艺术性的综合体现。教师在写教案时,应遵循以下原则。

(一)科学性

所谓符合科学性,就是教师要认真贯彻课标精神,按教材内在规律,结合学生实际来确定教学目标、重点、难点。设计教学过程,避免出现知识性错误。那种远离课标,脱离教材完整性、系统性,随心所欲另搞一套的写教案的做法是绝对不允许的。一个好教案首先要依标合本,具有科学性。

(二)创新性

教材是死的,不能随意更改。但教法是活的,课怎么上全凭教师的智慧和才干。尽管备课时要去学习大量的参考材料,充分利用资源教学,听取名家的指点,吸取同行经验,但课总还要自己亲自去上,这就决定了教案要自己来写。教师备课也应该经历一个相似的过程。从课本内容变成胸中有案,再落到纸上,形成书面教案,继而到课堂实际讲授,关键在于教师要能“学百家,树一宗”。在自己钻研教材的基础上,广泛地涉猎多种教学参考资料,向有经验的老师请教,而不要照搬照抄,要汲取精华,去其糟粕,对别人的经验要经过一番思考、消化、吸收,独立思考，然后结合个人的教学体会，巧妙构思，精心安排，从而写出自己的教案。

(三)差异性

由于每位教师的知识、经验、特长、个性是千差万别的，而教学工作又是一项创造性的工作。因此写教案也就不能千篇一律，每位教师要发挥自身的聪明才智和创造力，教案要结合本地区的特点，因材施教。

(四)艺术性

所谓教案的艺术性就是构思巧妙，让学生在课堂上不仅能学到知识，而且得到艺术的欣赏和快乐的体验。教案要成为一篇独具特色的“课堂教学散文”或者是课本剧。所以，开头、经过、结尾要层层递进，扣人心弦，达到立体教学效果。教师的说、谈、问、讲等课堂语言要字斟句酌，该说的一个字不少说，不该说的一个字也不能说，要做到恰当的安排。

(五)可操作性

教师在写教案时，一定从实际出发，要充分考虑从实际需要出发，要考虑教案的可行性和可操作性。该简就简，该繁就繁，要简繁得当。

(六)考虑变化性

由于我们教学面对的是一个个活生生的有思维能力的学生，又由于每个人的思维能力不同，对问题的理解程度不同，常常会提出不同的问题和看法，教师又不可能事先都估计到。在这种情况下，教学进程常常有可能离开教案所预想的情况，因此教师不能死扣教案，把学生的思维的积极性压下去。要根据学生的实际改变原先的教学计划和方法，满腔热忱地启发学生的思维，针对疑点积极引导。为达到此目的，教师在备课时，应充分估计学生在学习时可能提出的问题，确定好重点、难点、疑点和关键。学生能在什么地方出现问题，大都会出现什么问题，怎样引导，要考虑几种教学方案。出现打乱教案现象，也不要紧张。要因势利导，耐心细致地培养学生的进取精神。因为事实上，一个单元或一节课的教学目标是在教学的一定过程中逐步完成的，一旦出现偏离教学目标或教学计划的现象也不要紧张，这可以在整个教学进度中去调整。

二、《商务英语谈判》课程教案设计创新

通常教案的内容涵盖：章节名称、教学目标、课程类型、课时、教学重点、教学难点、教学方法、教学过程、作业安排、板书设计、教具准备和教学反思等。《商务英语谈判》是一门理论和实践并融的课程，同时又是偏重实践教学的ESP核心课程。具有涉及知识面广、学生参与度高的特点，因此，突出学生为中心的理念。该课程的教案设计与其他的课程相比有独特之处，主要体现在教学方法、教学内容，教学过程，以及评价标准等方面创新。

（一）教学方法创新

由于时代的不同，社会背景、文化氛围的不同以及研究者研究问题的角度和侧面的差异，使得中外不同时期的教学理论研究者对“教学方法”概念的界定自然不尽相同。巴班斯基把现代控制论、系统论观点用于教学论研究，提出教学过程最优化的理论。教学方法分类包括：第一大类：“组织和自我组织学习认识活动的方法”；第二大类：“激发学习和形成学习动机的方法”；第三大类：“检查和自我检查教学效果的方法”。威斯顿和格兰顿的教学方法，依据教师与学生交流的媒介和手段，把教学方法分为四大类：教师中心的方法，主要包括讲授、提问、论证等方法；相互作用的方法，包括全班讨论、小组讨论、同伴教学、小组设计等方法；个体化的方法，如程序教学、单元教学、独立设计、计算机教学等；实践的方法，包括现场和临床教学、实验室学习、角色扮演、模拟和游戏、练习等方法。李秉德教授主编学论中的教学方法按照教学方法的外部形态，以及相对应的这种形态下学生认识活动的特点，把教学活动中常用的教学方法分为五类。第一类方法：“以语言传递信息为主的方法”，包括讲授法、访谈法、讨论法、读书指导法等。第二类方法：“以直接感知为主的方法”，包括演示法、参观法等。第三类方法：“以实际训练为主的方法”，包括练习法、实验法、实习作业法。第四类方法：“以欣赏活动为主的教学方法”，如陶冶法等。第五类方法：“以引导探究为主的方法”，如发现法、探究法等。黄甫全教授提出的层次构成分类模式，

从具体到抽象将教学方法分为三个层次：第一层次：原理性教学方法。解决教学规律、教学思想、新教学理论观念与学校教学实践之间的联系问题，是教学意识在教学实践中方法化的结果，如启发式、发现式、设计教学法、注入式方法等。第二层次：技术性教学方法。向上可以接受原理性教学方法的指导，向下可以与不同学科的教学内容相结合构成操作性教学方法，在教学方法体系中发挥着中介性作用。例如，讲授法、谈话法、演示法、参观法、实验法、练习法、讨论法、读书指导法、实习作业法等。第三层次：操作性教学方法。指学校不同学科教学中具有特殊性的具体的方法。如语文课的分散识字法、外语课的听说法、美术课的写生法、音乐课的视唱法、劳动技术课的工序法等。

尽管如此，教学方法不同界定依然存在共性，即：（1）教学方法要服务于教学目的和教学任务的要求。（2）教学方法是师生双方共同完成教学活动内容的手段。（3）教学方法是教学活动中师生双方行为的体系。根据《商务英语谈判》课程特点、教学对象和教学目标，理论课采用讲授法（lecture）+ 讨论法（seminar）等教学方法组成的 Problem-based Learning“问题导向教学模式”，实训课采用讨论法（seminar）+ 情景体验法（role-playing）等组成的 Project-based Learning“项目导向教学模式”。这两种教学模式设计充分体现了以学生为主体、以教师为主导的特征。谈判理论课教学涉及完整的知识体系，实训课教学具有较强的操作性，因此，在教学中既需要语言信息传递的方法，直接感知为主的方法，也需要引导探究为主的方法和实际训练为主的方法。总体来说是采用了技术性教学方法，满足了服务于教学目的和教学任务的需求，也体现了师生双方共同完成教学活动内容的形式。讲授法（lecture）+ 讨论法（seminar）等教学方法组成的 Problem-based Learning“问题导向教学模式”用于理论课教学，教师精讲知识点，设计案例和思考题，学生组成团队讨论，反馈讨论结果，教师点评总结。讨论法（seminar）+ 情景体验法（role-playing）等组成的 Project-based Learning“项目导向教学模式”用于实训教学，教师设定谈判案例，每个案例相当于一个项目，学生根据项目资料，分角色进行模拟谈判，教师以视频方式记录学生模拟谈判练习，回放视频，分析学生的表现。

（二）教学内容设计创新

教学内容的设计是教学设计的重头戏，包括教学内容的选择、组织，不同知识类型、不同课型的设计等内容。一般说来，教科书是教学内容的主体，但仅仅依据教科书来安排全部教学内容是不够的。教学内容广义上讲是学生应该掌握的知识、技能，应该获得的思想、观点，以及良好行为习惯形成的总和。因此，需要教师恰当选择教学内容。那么，如何选取那些最重要、最值得学习的内容呢？我们认为首先应该依据国家规定的各门学科的课程标准，它对各门学科的教学内容从质和量上做出了规定，为我们提供了选择教学内容的根本依据。在此基础上，我们提出，在选定教学内容时，应特别注意遵循科学性、发展性、可接受性、时代性和多功能性等标准。

科学性是选择教学内容最重要的标准。科学性指教学内容观点准确、论据确实、表述规范，甚至连字、词、句和标点符号也无错误。基础性指精选基础知识、基本规律为教学的主干内容。该条标准是由知识众多与教学时间有限这对矛盾决定的。精选基础知识、基本规律，首要的问题是正确认识何谓基础知识，如商务谈判的基本概念、特征、流程、策略、礼仪等。

发展性指教学内容蕴含了培养学生能力的显著成分与价值，通过教学能显著地促进学生发展。“发展学生的能力”已成为当今国内外教育界最为关注的问题。发展学生的能力应在教学内容的选择上得到体现。从培养能力出发，在教学内容的选择上，人们往往过多地注重知识的实用价值。诚然，传授知识的一个重要目的是为了学生能适应社会生活，面向生产劳动，但传授知识还有另一个重要目的，就是通过知识传授培养能力。后者往往被人们所忽略。尤其是在当今世界科技竞争极其激烈的情况下，培养能力显得更为重要，因此把发展性列为教学内容选择的标准是十分重要的。根据发展性标准，那些对培养学生的能力特别有效、有用的内容，尽管其实用性不够强，也应列为学习的重要内容。

可接受性指立足于目标，把高难度和量力性有机结合起来，使内容的难度恰好落在学生通过努力可以达到的潜在能力的“最近发展区”上。

时代性指教学内容在体现人类知识宝库的精华时，也能反映科学发展的最新成果,体现现代社会甚至未来社会所要求的知识,具有鲜明的时代特点。随着科学技术的日新月异,一些陈旧的内容已逐渐被新的具有时代性的内容所代替。同时,时代性也体现在能反映现代社会及未来社会的发展及要求上。

多功能性指同一内容可以达到多种教学目标。教学目标可以分成两种:显式目标(智慧技能、言语信息和动作技能)和隐式目标(认知策略和态度)。许多教学内容都蕴藏着多种目标,教师要注意挖掘,以便收到"一石二鸟"或"三鸟"的教学效果。例如,谈判教材重在传授谈判知识,培养学生的智能,但同时也兼有培养学生思想品德的作用;同样,德育教材虽然重在培养学生的高尚情操、品德,但同时也担负着培养学生智能的任务。

《商务英语谈判》教学内容设计围绕"知识目标""能力目标"和"思政目标"。理论教学内容分为十个专题(详情见表 10-1),每个专题涵盖理论知识、语言知识,相应的案例。实训课教学内容分十个专题(详情见表 10-2),每个专题代表一种类型的谈判,涵盖谈判的流程、内容、实用的语言表达和模拟的案例。教学案例的选择尤其重要,既要有典型性,又要与时俱进。

表 10-1　商务英语谈判理论内容设计

第一讲	An overview of International Business Negotiation 绪论	2	教学内容:学习商务谈判的概念和特征,商务谈判的类型	讨论式教学为主
第二讲	Game Principles of International Business Negotiation 谈判原则	2	教学内容:学习商务谈判主要原则及其应用,博弈论和双赢理论	
第三讲	Preparation for International Business Negotiation 谈判筹备	4	教学内容:学习谈判筹备阶段的基本步骤,如收集信息,组建团队,文件撰写和物质准备等	
第四讲	Opening of International Business Negotiation 谈判开局	4	教学内容:学习谈判开局阶段的基本步骤,如开局陈述,交流思想和拟定议程等	

续表

第五讲	Bargaining Process 谈判磋商	4	教学内容：了解谈判磋商阶段的基本步骤,如报价,还价和让步等	自主学习为辅
第六讲	Negotiation Strategies and Tactics 谈判策略与技巧	4	教学内容：学习谈判的基本策略和技巧,策略的拟定,技巧的应用	
第七讲	Ways of Breaking an Impasse in Negotiation 打破僵局的方式	4	教学内容：学习打破谈判僵局的方式及其具体应用	
第八讲	Language Skills in International Business Negotiation 谈判的语言技巧	2	教学内容：学习国际商务谈判的语言技巧及其应用	
第九讲	The Formation of Contracts 合约的形成	4	教学内容：学习国际商务谈判合同形成的流程,合同终止,修改和转让的要求,合同的担保方式	
第十讲	Psychological Qualities and Creativity of the Negotiator 谈判者的心理素质和创新能力	2	教学内容：学习商务谈判人员必备的心理素质和创新能力	
合计		32		

表 10-2 商务英语谈判实训内容设计

第一讲	货物销售谈判 Negotiation on Sales of Goods	2	教学内容：货物销售谈判的流程,内容,专业术语表达,模拟谈判练习	讨论式教学为主
第二讲	独家代理谈判 Negotiation on Sole Agency	2	教学内容： 独家代理谈判的流程,内容,专业术语表达,模拟谈判练习	
第三讲	加工贸易谈判 Negotiation on Processing Trade	4	教学内容：加工贸易谈判的流程,内容,专业术语表达,模拟谈判练习	
第四讲	补偿贸易谈判 Negotiation on Compensation Trade	4	教学内容： 补偿贸易谈判的流程,内容,专业术语表达,模拟谈判练习	

续表

第五讲	易货贸易谈判 Negotiation on Barter Trade	4	教学内容：易货贸易谈判的流程，内容，专业术语表达，模拟谈判练习	自主学习为辅
第六讲	合资谈判 Negotiation on Joint Venture	4	教学内容：合资谈判的流程，内容，专业术语表达，模拟谈判练习	
第七讲	招标谈判 Negotiation on Bidding	4	教学内容：招标谈判的流程，内容，专业术语表达，模拟谈判练习	
第八讲	企业并购谈判 Negotiation on Acquisition	2	教学内容：企业并购谈判的流程，内容，专业术语表达，模拟谈判练习	
第九讲	技术转让谈判 Negotiation on Technology Transfer	4	教学内容：技术转让谈判的流程，内容，专业术语表达，模拟谈判练习	
第十讲	索赔谈判 Negotiation on Claims	2	教学内容：索赔谈判的流程，内容，专业术语表达，模拟谈判练习	
合计		32		

（三）教学过程设计创新

教学过程是指师生在共同实现教学任务中的活动状态变换及其时间流程。由相互依存的教和学两方面构成。内部发展动力是教师提出的教学任务同学生完成这些任务的需要、实际水平之间的矛盾。中国古代教育家提出的“博学之，审问之，慎思之，明辨之，笃行之”（《礼记·中庸》）是对学习过程最早的概括。现代教学过程应包括四个基本环节：激发学习动机—感知教学材料—理解教学材料—运用知识经验。在教学过程中，每一个环节都相对独立，各自发挥独特的作用，同时环节之间有时彼此关联，相互衔接。

1. 精心设计导入环节，激发学习动机

教学活动主要是学生的学习活动，而这种学习活动，总是在一定的思想、情感和愿望的影响下，在学习动机的支配下进行的。学习动机是引发学习行为的重要力量。在教学过程中，首先需要激发学生的学习动机。在教学的导入环节,教师采取一些有效策略,如故事导入、问题导入、游戏导入、悬念导入等都可以激发学生的学习动机。

2. 精心设计课件,多维度感知学习材料

感知教学材料,就是对教学材料进行初步的把握,将教学材料承载的抽象的知识与直观生动的形象结合起来,形成关于客观事物的正确表象,从而有利于学生对抽象知识的理解。教师讲授时,需精心设计课件,以文字、图片、音频或视频等形式体现教学内容,让学生多维度感知学习材料。

3. 运用经典案例,辅助理解教学材料

理解教学材料是在学生获得感性知识的基础上,在教师的指导下,经过学生自己的思维加工而实现的,思维是认识获得的核心要素。理解教学材料阶段的主要任务,就是启发学生,引导学生开展积极的思维活动。《商务英语谈判》课程旨在培养既有扎实的谈判专业知识和能力,又有爱国、诚信、敬业、合作等品质的复合型国际商务谈判人才。根据培养计划,该课程只有32学时,这就要求教师精讲知识,重点培养学生的谈判思维,思维训练需要理论与实践相结合,教师要精心设计教学案例,在案例教学中启发学生,找到解决方案。

4. 设计模拟项目,应用知识经验

将所学的知识运用于实践,有利于学生加强对书本知识的理解,是形成分析问题和解决问题能力的关键环节,尤其是在培养学生的独立性和创造性方面,有着重要的作用。针对每一个教学目的,设计模拟项目,让学生以小组的形式完成。每一个小组要根据项目材料,拟定谈判方案,并且分配角色进行模拟练习。

(四)过程型课程评价标准和考核办法创新

教学测评,即教学成效的测量与评价,是保证教学过程良性循环,争取理想教学效果的重要环节,也是获取反馈信息的重要来源。教师通过正确、积极的教学测评,可以准确地把握教学目标的完成情况,以进一步修订教学内容,改进教学方法,提高教学效果。

根据《商务英语谈判》课程的特点,采用过程型课程评价标准和开放式考核方式。考核时间从课堂学习的第一节课开始至期末最后一节课的时间内,考核空间包括在课堂上教室里、实训场地以及业余小组活动,考核内容包括课堂活动表现、团队作业等,考核中坚持以能为本和开放式考核原则。评价体系主要从学生、教师两方面进行评价。评价可采用课程评价表、调查问卷、学习档案袋和课程报告等形式。教师设计课程评价表和调查问卷,内容分成教师工作和学生表现两个部分,针对教师的评价包括教学内容、教学方法、教学效果;针对学生的评价包括方案的设计、模拟实施和团队合作三个部分。教师也可让学生建立学习档案袋,及时与老师沟通学习心得。学生以期末写课程报告的方式评价教学效果。

第十一章　商务英语谈判课堂设计范例

第一节　理论课程课堂设计范例

范例：理论课程课堂设计

主题：破局之路 Ways of Breaking Impasse

课程名称：商务英语谈判 International Business Negotiation

所在章节：第七章 Chapter 7

所需学时：2

教学目标：

（1）知识目标：了解僵局的定义，著名的谈判僵局案例，僵局产生的原因，应对僵局的正确态度，处理僵局的常用技巧。

To understand the definition of impasse; to analyze the reason for impasse; to establish the right attitude toward impasse; to grasp the common tactics of breaking impasse.

（2）能力目标：分析谈判僵局案例，培养学生的打破僵局创新能力。

To develop the capability of breaking impasse by case study.

（3）思政目标：爱国主义，创新意识，共赢理念。

To cultivate the sense of patriotism, innovation and win-win.

教学重点：

（1）分析僵局产生的原因 Why does the impasse arise?

（2）应对僵局的态度 What is the right attitude toward impasse?

（3）处理僵局的技巧 What are the common tactics of breaking impasse?

教学难点：处理僵局的技巧

What are the common tactics of breaking impasse?

教学方法：讲授法与讨论法

Lecture and Discussion

教学对象：商务英语专业三年级学生

Junior students of Business English Majors

教学内容：破局之路 Ways of breaking impasse

教学过程：

Part I 导入主题 Leading Part

——introduce the teaching objective: learn to handle impasse in business negotiation 导入教学目标：如何处理商务谈判的僵局

Part II 讲授部分 Lecturing Part

僵局的定义 The definition of Impasse

During the negotiation process, the parties strongly insist on their own profits and ignore whether the other party understands or accepts your ideas or whether it is harmful to another party or not. This situation is the so-called "impasse".

僵局的后果 Consequence of impasse: Breakdown/Suspension/Marathon Sucess 谈判破裂，谈判悬而未决，马拉松式的成功

典型的僵局案例 Typical examples in Business Negotiation

世纪谈判

商务谈判僵局案例介绍（G2G）世纪谈判 / 中国入世谈判

——中国入世谈判背景和过程介绍（详细版）

世纪谈判又称中国入世谈判。中国是1947年成立的关贸总协定创始国之一。1984年4月，中国取得了总协定观察员地位。1986年7月，中国向总协定正式提出恢复关贸总协定缔约国地位的申请，从此开始了

“复关”和“入世”谈判15年的漫漫征程。1986年9月,中国开始全面参与关贸总协定乌拉圭回合多边贸易谈判。

1994年4月,中国签署了乌拉圭回合最后文件和世界贸易组织协定。签署这两个文件是中国复关的必备条件之一。同年11月,中国提出在年底完成复关的实质性谈判,并成为定于1995年1月1日成立的世贸组织创始成员的要求。由于美国等少数缔约方阻挠,在12月份召开的关贸总协定中国工作组第19次会议上,未能就中国成为世贸组织创始成员问题达成协议。

1995年1月1日,世贸组织正式成立。7月11日,中国成为该组织的观察员。11月,中国政府照会世贸组织总干事鲁杰罗,把关贸总协定中国工作组更名为世贸组织中国工作组。中国“复关”谈判成为“入世”谈判。

1997年5月23日,第4次世贸组织中国工作组会议就中国加入世贸组织议定书中关于非歧视原则和司法审议两项主要条款达成协议。到年底,中国先后与新西兰、韩国、匈牙利、捷克等国签署了入世双边协议。

1998年4月7日,中国在第7次世贸组织中国工作组会议上提出了近6000个税号的降低关税的方案。

1999年7月,中日实质性结束关于中国加入世贸组织的全部双边谈判。

2000年5月19日,中国与欧盟代表在北京签署了关于中国加入世贸组织的双边协议。

2001年6月28日—7月4日,第16次世贸组织中国工作组会议就多边谈判中遗留的12个主要问题达成全面共识。7月16日—20日,第17次世贸组织中国工作组会议对中国加入世贸组织的法律文件及其附件和工作组报告书进行了磋商,并最终完成了这些法律文件的起草工作。

2001年9月13日,中国和墨西哥就中国加入世贸达成双边协议。至此,中国完成了与世贸成员的所有双边市场准入谈判。9月17日,世贸组织中国工作组第18次会议通过了中国入世议定书及附件和中国工作组报告书,这标志着中国加入世贸组织的谈判全部结束。

——中国入世谈判的意义(课程思政元素)

中国过去长期处于闭关自守状态。改革开放以来,与外界的交往日益增多,但一直被拒之于WTO这个国际经济贸易大家庭之外,这对中国融入世界经济体系、促进中国经济的发展极为不利。

改革开放是中国的基本国策，而世界贸易组织的基本原则是市场经济和自由贸易，加入 WTO 完全符合中国的基本国策，中国加入 WTO，从根本上说，就是要与世界经济接轨，就是要彻底融入世界经济体系。

加入 WTO 可以说给中国企业提供了一个契机，使中国企业有更多的机会接触国际市场，接触国外企业，在竞争中生存，在竞争中求发展。当然，与国外企业打交道不一定就是单纯的竞争，同时还有合作，加入 WTO 也同时意味着企业有更多的市场机会。竞争与合作是市场经济运作的一个基本特征。

加入 WTO 对解决国有企业困难也将发挥积极作用。与此同时，加入 WTO 给中国企业吸收国外的先进技术提供了更多机会，同时也可以学习国外大企业的运作方式、管理经验。

加入 WTO，意味着中国从今以后就可以参与制定国际经济贸易规则了，这样可以提高中国在国际社会的地位，增加发言权。

——教师也可选择以下重要时间节点介绍中国入世谈判

1986. 7—China's application for the recovery of signatory country of the GATT (General Agreement on Tariffs and Trade) in 1986

1987. 10—First round of negotiation on China's entry to the GATT

1995. 1—Establishment of the WTO

1995. 7—Negotiation on China's entry to the WTO

2000. 5—Bilateral Agreement on China's entry to WTO between China and EU

2001. 11—China's Accession to the WTO

Okus 公司与 Levien 公司的外包项目谈判背景介绍

Levien 公司是一家生产染料和涂料的国际公司。其总部设立在布鲁塞尔，公司近年调整战略，专门致力于生产高水准的产品，因而其总部的网络管理中心将外包给专业的 IT 公司。Okus 公司是一家英国的信息技术公司，专业运营和管理 IT 项目，在业界享有较高声誉。Okus 公司向 Levien 公司提交了项目意向书，Levien 公司比较满意，邀请对方前来洽谈。

Levien 公司的谈判团队是由 Francoise Quantin 和 Sean Morrissey 两人组成，Francoise Quantin 是公司网络管理中心的原负责人，她有着丰富的管理经验，现在被提拔为公司物流部门经理，她特别关注网络管理中心的员工安排。Sean Morrissey 来自 Levien 芝加哥分公司,他被派到总部专门研究外包采购方案,他富有谈判经验。

Okus 公司团队由 Karen Black 和 Andrew Carter 组成, Karen Black 是公司的项目经理,专门负责合同条款的拟定,这是她第一次参与海外外包项目谈判。Andrew Carter 是公司出口销售部经理,富有谈判经验,公司派他加强海外营销队伍,与 Levien 公司进行了初次接洽。

这是两家公司的第七轮谈判,针对外包的价格和原网络管理部门的员工安排争执不下,谈判一度陷入僵局。

(配上图片,教师可以用英文介绍谈判背景和谈判人员)

——Pre-watching Questions 观看视频前,先让学生浏览如下问题:

1. What are they haggling over?

2. Why do they stick to their ownposition?

3. What about their attitude towards the conflicts?

4. In what way do they break the impasse?

Answer questions after watching version 1 观看视频后,回答问题:

1.What are they haggling over?(以下三个选项是根据视频内容列出的)

A) price level

B) service package

C) staffing issue

学生做出选择后,教师公布正确答案 C,并列出视频中相关的句子,如下图:

I'm very concerned about my team. I have toprotect as many of these jobs as possible.

We understand your concerns, but we cannot be expected to take on all your team, and providethe cost-effective support you're looking for.

I find that hard to believe, Andrew. With the support package we just negotiated you're gonna need people to service the contract.

As we said, we plan to hire one of your existing IT team as project leader and one as a support engineer. Beyond that, we can't commit ourselves.

2. Why do they stick to their own position?

A) misunderstanding

B) divergent objectives

C) deliberate tactic

学生做出选择后,教师公布正确答案 B,并列出视频中相关的句子,如下图:

Four members resettlement in previous IT department

Four jobs

Two jobs for a long-term contract

The cost of staff

3. Why does impasse arise?——A number of reasons , mainly include the following:

A) misunderstanding

B) divergent objectives

C) deliberate tactic

（这个问题的设置是为了小结谈判僵局产生的常见原因,学生做出选择后,教师还需补充讲解另外两个选项）

4. What about their attitude towards conflicts?

Andrew ____________ Karen____________

Francoise ____________Sean____________

A) positive B) negative C) upset

D) rational E) patient F) aggressive

G) agitated H) Flexible I) perfunctory

K) indifferent L) reserved M) tough

学生回答后,教师列出谈判视频中相应的句子。

Sean: We're not asking you to hire people for the rest of their lives, but we have more than two jobs to take back to the Works Counci.

Francoise: This is very important to us, Karen. We can't sign this contract without commitment on this.

Andrew: We might as well call it a day.

Karen: No, I haven't come all this way to get nothing.

Andrew: Come on, Karen. They're driven us down over the support pricing and now they're asking for staffing commitments we can't make.

We'd be crazy to sign up four members of Levien staff.

Karen: What if we took on one more member of their team-on a one year contract-to work at Levien, but also at some of our other projects?

——Answer the following questions after watching the version 2

让学生看视频的第二部分，以小组讨论的形式回答下面问题，学生回答问题后，教师点评补充，列出相关句子：

Group discussion:

Q1. Anything changed after the break?

Q2. In what way do they break the impasse?

Anything changed after the break?

Atmosphere & Attitude (the following conversation)

Francoise: That's good, but we had hoped to safeguard all four jobs.

Sean: We appreciate your flexibility on the support contract, Karen, but staffing is just as important. Labour laws here are real tough, and we probably won't be able to sign this contract if we don't get a better offer.

教师可将二者在第一段视频和第二段视频的句子做比较，看出态度变化。

Version 1  	Version 2  
Francoise: This is very important to us, Karen. We can't sign this contract without commitment on this. Sean: We're not asking you to hire people for the rest of their lives, but wehave more than two jobs to take back to the Works Counci.	Francoise: That's good, but we had hoped to safeguard all four jobs. Sean: We appreciate your flexibility on the support contract, Karen, but staffing is just as important. Labour laws here are real tough, and we probably won't be able to sign this contract if we don't get a better offer.

In what way do they break the impasse? 教学重点难点

1.Adjournment (the following conversation)

Karen: Can I suggest another break then? Andrew and I need to discuss this.

Francoise: Please. Take your time.

Karen's proposal during the break: What if we take on one more member of their team–on a one year contract–to work at Levien, but also at some of our other projects?

2.Seeking easy escape routes (the following conversation)

Karen: Our main priority is to give you a good quality, value for money service. So, we think one of your team should become our project leader. And another should become our support engineer.

Sean: What about taking the other two on short–term contract?

3. What are the common tactics of breaking impasse? 教学重点难点

1) Seeking easy escape routes

2) Shifting the topic

3) Adjournment

—— Further discussion in the team

—— The third party involvement

—— PR work

—— Changing the staff of the team

—— Applying for the support from the boss

——Summary: How to handle impasse in business 总结：如何处理僵局

1. Positive Attitude

2. Comprehensive Analysis

3. Effective Tactic

——Feedback from the students 针对今天的授课,学生提问,教师

答疑

Part III——Outlook 展望未来

Impasse is inevitable in business negotiation and we'll find the key to the success because nothing is impossible for a willing heart.

A Community of Shared Future for Mankind can be built throughnegotiation and cooperation.

第二节 实践课程课堂设计

主题：货物销售谈判（Negotiation on Sales of Goods）

课程名称：商务英语谈判（International Business Negotiation）

所在章节：

所需学时：2

教学目标：

1）知识目标——货物销售谈判的基本流程和谈判用语的英文表达

the procedure of the negotiation on Sales of Goods;

the words and expressions concerning the negotiation on Sales of Goods

2）能力目标——策划能力和创新实践能力

Planning and operating ability

3）思政目标——实践出真知（Practice makes perfect）

教学重点：

1）代理谈判的基本流程（the procedure of the negotiation on Sales of Goods）

2）独家代理谈判用语的英文表达（the words and expressions concerning the negotiation on Sales of Goods）

3）独家代理谈判的策划和模拟

a negotiation plan on Sales of Goods and simulated negotiation

教学难点：独家代理谈判的策划和模拟

a negotiation plan on Sales of Goods and simulated negotiation

教学方法：讲授法与模拟演练法

Lecture and simulated negotiation

教学对象：商务英语专业三年级学生

Junior students of Business English Majors

教学内容：货物销售谈判（Negotiation on Sales of Goods）

教学过程：

Part I 导入主题（Leading Part）

—Let students read a negotiation case on PKE system agency between Xinda Company and Wilson Company（学生阅读信达公司与威尔逊公司 PKE 门禁系统销售谈判的案例）

—Preview case 案例材料（导入案例）

Xinda is a Chinese company which manufactures Door Control System. It enjoys good reputation in the industry. In 2009, Xinda launched a new product—PKE system which is very popular in domestic market.

Wilson is a American company which is specialized in trading various kinds of high-tech products. After getting the news that Xinda launched a new product—PKE system, Wilson would like to contact Xinda to place a large order. There is a very special requirement in Xinda's offer that the buyer should pay 1 million CNY as the deposit and enjoy 20% discount. Wilson company proposed to have a face to face negotiation on that. So, how to settle the difference?

提问：信达公司与威尔逊公司如何来进行 PKE 门禁系统销售谈判?

—Ask students questions: How to settle the difference?

听取学生回答，教师归纳学生的观点，引出教学主题。

—Listen to the student's answer, summarize their opinion and introduce the teaching objective: Negotiation on Sales of Goods.

Part II 讲授部分（Lecture Part）

1. 货物销售谈判的定义

The definition of Sales of Goods

Negotiation on Sales of Goods is an important part of conducting a foreign trade. The negotiation is carried out either by writing or verbally. In the latter case, traders talk about the terms and conditions of a transaction with each other in person or by telephone. The foreign businessman may call on the domestic trader upon invitation, or the exporter will make a visit to an overseas importer on his own account. Sales negotiations are also held at international fairs where businessmen all over the world can negotiate with one another over export and import trade. Through verbal negotiations trading transactions between Chinese and foreign businessmen are concluded in large amounts at the China Export Commodities Fair in Guangzhou twice a year.

When business negotiation is done by writing, communications by letter, fax, or by e-mail are the usual means traders use. In practice, letter-writing plays a major role and that's why a prosperous trader always has a great deal of correspondence to deal with. However, sometimes both types, communications in writing and in spoken words, are used interchangeably in one single transaction, as the case may be.

2. 货物销售谈判的内容

The content of negotiation on Sales of Goods

The conclusion of sales contract results from the business negotiation to the satisfaction of both sides. The terms in the contract are the contents of sales negotiation. They are the terms about the quality, quantity, packing, price, shipment, insurance, payment, inspection, claims and disputes, arbitration and force majeure etc.

—Quality（质量）

The quality of the product is a combination of the inherent nature, the constructing elements, and its outside form. In this sense, the quality of the product may be perceived by consumers in terms of appearance, chemical composition, mechanical performance, biological features, modeling, structure, operation and reliability, color, luster, taste of commodity, which are viewed by consumers as determinants of "fitness for use". The quality of goods is so important that it is a problem affecting not only the price but also the sales and reputation of the goods. During the negotiation process it is often discussed carefully by the negotiators.

In international trade, buyers and sellers usually live far from each other and this creates a problem. Thus there needs to be some means for the sellers to inform the buyers of the quality. Four means are generally used to express the quality of products. They are sales by sample, sales by specification, grade or standard, sales by trademark or brand, and sales by description.

Sales by sample are the most common way to show the quality of the products in international trade. As we know, a sample is a small quantity of the product which represents the whole. It is a specimen in fact. It can be provided by the seller or buyer. When the sample is provided by the seller and adopted by the buyer, the seller make sure the sample is fully representative and keep for record a 'duplicate sample' after sending the sample to the buyer. When the sample is provided by the buyer and adopted by the seller, the seller should make a duplicate of the sample and send it to the buyer as a counter-sample or return sample. In this case, it is in the interest of the seller to point out in the contract that any claim for industrial property rights by any third party is to be handled by the buyer and has nothing to do with the seller.

Sales by specification, grade or standard are another way to show the quality of the products, namely through certain recognized specifications, grades or standards.

Sales by trade mark or brand are useful to the products that have already gained export markets and whose brands or trade mark are already widely known.

Sales by description are usually applied to a whole set of mechanical or electrical products such as instruments or equipment. For these products, there must be a detailed description provided for the buyers so that the buyers are able to know the structure, function, usage of the products, and so the products can be used accordingly.

To ensure the quality is satisfied, both the seller and the buyer would try to discuss the commodity inspection clauses later.

—Quantity（数量）

Quantity can be found more related to practical trade, especially in international trade. Quantity of the goods delivered forms one of the important terms of a sales contract. In many countries, it is stipulated in the national legislation that the quantity of the goods actually delivered should be identical to the amount called for in the contract. The buyer has the right to reject the whole lot if the amount is less than agreed upon. Likewise the buyer is entitled to reject the whole lot, or the excess portion of the goods, if more are delivered than are stipulated in the contract.

Since quantity plays a very important part in foreign trade, it is necessary to find out the units of measurement to be adopted in foreign trade. That is because different products require different kinds of measurement and different countries may use their own units of measurement. Some of the units of measurement commonly used in foreign trade are as follows:

Weight: metric ton, long ton, short ton, kilogram, pound, ounce, gram, etc.

Numbers: piece, pair, set, dozen, gross, ream, etc.

Length: meter, foot, yard, mile, inch, etc.

Area: acre, square yard, square foot, square inch, etc.

Volume: cubic meter, cubic foot, cubic yard. Etc.

Capacity: liter, gallon, bushel, quart, etc.

—Price (价格)

In international business negotiations, price is usually the key point because it directly concerns the economic benefits to both sides. It is extremely important for the seller to understand the benefits it can get in selling abroad. There are three kinds of price in quotation: FOB, CIF and CFR. Before negotiating the price terms of the contract, the seller should carry out the following cost analysis to ensure exporting profits and making a reasonable offer.

Costs to produce the export product (生产出口产品的成本)

When the seller starts the production, it needs raw materials, equipment, workforce, and some natural resources. All these costs should be calculated before the seller make a firm offer.

Costs of selling in the market (市场销售成本)

The costs of selling in the market are always regarded as out-of-pocket costs. It is important to identify and include those out-of-pocket costs that result directly from trying to export a particular product. It usually covers the costs of advertising, promotion and credit etc.

Costs of packing（包装费用）

The costs of packing are determined by the nature of the product, the way of delivering the goods, and the buyer's requirement. If it is not extra packing there will be no extra pay for that.

Costs of delivering the goods（交货成本）

The costs of delivering the goods depend on the way of transportation. In international trade it usually takes the ocean shipment for the sake of saving.

The price clause in a contract includes unit of measurement, unit of currency, unit price, port of shipping or destination, such as: $5,000 per set CRF London including 3% commission

—Packing（打包）

Packing is an art. It needs much care in international trade. The real art of packing is to get the contents into a nice, compact shape that will stay that way during the roughest journey. Every buyer expects that his goods will reach him in perfect condition. Nothing is more infuriating to a buyer than to find his goods damaged or partly missing on arrival. The seller must try to pack the goods in such a way that they will go through the ordeal of transport unscathed. It has been estimated that as much as 70% of all cargo loss could be prevented by proper packing and marking. There are two forms of packing: large packing/outer packing, i. e. packing for transportation, and small packing/inner packing, i. e. packaging or sales packing.

On the whole, packing is not only designed as a form of protection to reduce the risk of goods being damaged in transportation, but also designed to facilitate loading, unloading, storage, to prevent pilferage, and finally to aid marketing. It is essential to see that not only the right type of packing is provided, but also the correct packing materials are used.

In negotiating the packing clauses of a sales contract, both the seller and the buyer should pay attention to the following items.

As the packing material and packing method are generally provided for in the packing clauses of a contract, the use of some less than clear terms such as "seaworthy packing" and "customs packing" should be avoided.

Packing cost is usually included in the price, but it can be provided for in the contract that the cost is to be paid by the buyer if the buyer makes special request with regard to packing.

According to international trade practices, the shipping markings are designed and determined by the seller. However, they can also be supplied by the buyer within a period of time before the date of shipment if the contract so stipulates.

—Transportation（运输）

Transportation clause is a very important part of a negotiation on sales of goods. Because the right decision on transportation can save a lot of time and money. And also can help to promote the goods especially the seasonal goods. So what type of transportation we should select is the first issue we have to think about. The type of transportation to be selected by the negotiating parties will be determined by the quantity, the cost and the size of each shipment, the distance of transportation, the nature of the goods, the value of the goods and the time of delivery, etc.

There are many means of transportation in international trade. Trains, trucks, airplanes, ship, or multi-model transportation can transport goods to various designated places. Each has its advantages and disadvantages. Generally speaking, Ocean freight is still the most extensively adopted form of transit in international trade, because it is commonly employed as a cheap mode of transport for delivering large quantities of goods over long distance, by both China and many other countries. In spite of its disadvantages of being slow and affected by weather conditions sometimes like an ocean storm, about two thirds of the goods are transported by ocean freight, including the growing containerized transport service in recent years, in international trade.

Besides ocean freight, Air Freight is becoming more popular as rates are reduced. Speed of delivery is a major attraction, but it is also often easier to ship fragile, expensive items by air, since less packaging is required for security during air shipment and since most such items are lightweight (e. g. watches and art works).

In international trade negotiation, sellers and buyers should reach agreement on date of shipment, places of shipping and destination, transshipment and partial shipments before they put their signature on a contract. The following items merit attention of both sellers and buyers, depending on specific circumstance:

—Time of shipment（装运期）

If the quantity involved is not big and there is supply available, the time of shipment can be made short. The seller may adopt prompt delivery or shipment. If the buyer is a new client, the seller should link time of shipment with the issuance of letter of credit. (e. g. shipment within 30 days after receipt of the L/C)

—Port of shipment and port of destination（装运港和目的港）

They are connected with the price of the contracted goods and the responsibility for looking after transportation. Generally speaking, the port of shipment is suggested by the seller for the benefit of facilitating exportation and agreed to by the buyer. In the case of FOB contract, the port of shipment should be able to accommodate the vessel designated by the buyer. More often than not, there is one port of destination provided for in a contract. Sometimes, there is more than one port of destination that is named in a contract for the purpose of saving freight as requested by the buyer. But one port of destination has to be confirmed by the buyer before the shipment is effected.

—Partial shipment and transshipment（分批装运和转运）

Generally speaking, in case there is large volume involved and there is difficulty in chartering ships, the seller should strive to allow partial shipments and transshipments in a contract to avoid possible difficulty in making delivery. On the part of the buyer, effort should be made to avoid partial shipments and transshipment for they lead to longer time for delivery and extra expenses.

—Shipping advice（装船通知）

The sellers shall, immediately upon the completion of the loading of the goods, advise by fax/telex the buyers of the contract No. , commodity, quantity, invoice value, gross weight, name of flight and date of sailing, etc. In case the buyer fail to arrange insurance in time due to the seller's not having advised in time, all losses shall be borne by the sellers.

—Payment（结算）

Payment in international sales and purchases is much more complicated than that in domestic trade. Terms of payment is one of the most important things in a contract and it usually takes more time, energy and care to negotiate and reach an agreement by both involved parties. The seller and buyer have to agree on when and how to make or receive payment for contracted goods. As the time, place and method of making payment vary greatly, there appear great differences in the safety of money paid and the influence on the turnover of funds. For this reason the negotiators should consider the following factors in the discussion on payment terms.

The methods of payment（结算方式）

The methods of payment in foreign trade can be divided into three kinds——remittance, collection and letter of credit. Remittance and collection belong to commercial credit. Letter of credit belongs to banker's credit. The word "credit" means who takes the responsibility of paying money and surrendering the shipping documents which represent the title to the goods in handling over the transacted goods. In remittance or collection, the buyer is responsible to make payment, the seller to surrender documents. In L/C transaction, the bank is responsible to pay money and tender documents on behalf of both parties. The above-mentioned methods of payment can be further divided into several categories which are listed in the following chart.

Remittance	Mail Transfer (M/T)	
	Telegraphic Transfer (T/T)	
	Demand Draft (D/D)	
Collection	Documents Against Payment (D/P) D/P after sight D/P after date	D/P at sight
	Document Against Acceptance (D/A)	
Letter of Credit	Sight L/C and Time L/C	
	Revocable L/C and Irrevocable L/C	
	Confirmed L/C and Unconfirmed L/C	
	Transferable L/C	
	Divisible L/C	
	Revolving L/C	Automatic revolving L/C
		Non-automatic revolving L/C
		Cumulative revolving L/C
		Non-cumulative revolving L/C

The schedule of payment (结算时间)

The time of payment is directly related to the benefits of the buyer and seller. The negotiators will have a very specific discussion on the schedule of payment. When the payment should be conducted? How many installments? Whether the buyer should pay the deposit after place an order? And how much is it? The answer to these questions depends on the performance of the negotiator and the business relations between the buyer and seller.

The measures to avoid payment risk (避免结算风险的错施)

The negotiators should have a very clear idea about the counterpart's financial power and credit status. If you are a seller and have not been doing business with your partner for very long, avoid selling your products on open-account. Instead ask your buyer to open a letter of credit. If you are a buyer, sometimes a supplier may ask you for deposit before he accepts the order. While this is not unusual between long-standing trading partners, if you are doing business with the supplier for the first time, make sure you have done sufficient background checks on the supplier before you agree to the deposit, or ask for a different form of payment, such as a letter of credit. If the seller seems more focused on payment than any other issue, or indicates that cash payment must be made urgently, more caution should be given to the transaction. Be extra cautious when the seller asks you to send money to an account whose real owner cannot be traced.

There is no payment method that is perfectly safe to both the importer and the supplier at the same time. We still have to do business, right? So, we hold it crucial to develop a long-term relationship with our customers based on mutual trust.

—Insurance（保险）

In the course of transportation, loading and unloading and storage, the internationally traded goods may be subject to various kinds of risks that may damage the goods. Such as the risks of collision, leakage, pilferage, fire and storm etc. It is, therefore, necessary for either the seller or the buyer to buy transportation insurance in order that they can get compensation for any losses that might occur to the goods. They need to agree on who buys insurance, what kind of insurance to be bought, what amount to be insured, how long to be covered and how to make an insurance claim, etc. All these constitute the insurance clause in a contract.

(1) Who buys insurance?（谁来买保险）

It depends on the specific price terms chosen. If the goods are sold on CIF terms, the seller is responsible for the insuring and the premium, which is 110% of the invoice value of the goods.

(2) What kind of insurance to be bought?（买何种保险）

The insured should take into account both the amount of insurance premium and the risks to be covered. For choosing the risks to be covered, such factors as the nature of the goods, packing, transportation and season should be considered. In China, PICC provides three basic risks: Free from Particular Average (FPA), With Particular Average

(WPA) and All Risks. There are also some Extraneous Risks: such as theft, rain, shortage, leakage, breakage, dampness, war, strikes, non-delivery of cargo, refusal to receive cargo, etc. But the premium of extraneous risks is not included in the CIF price.

(3) What amount to be insured? (投保金额是多少)

The amount to be insured is the insurable value of the goods. Insurable value is generally calculated as: cost of goods + amount of freight + insurance premium + percentage of the total sum to represent a reasonable profit for the buyer. The buyer's anticipated profits are normally included in the value declared by adding a percentage, say 10 or 15 per cent, to the invoice value and the incidental shipping and insurance charges of the goods, but the additional percentage should not be more than 30 per cent. Insurable value is the maximum amount payable by the insurance company in case of loss and premium is calculated and paid on the basis of this amount. Insurance companies will not generally accept additional percentage of more than 30%.

—Commodity Inspection (商品检验)

The seller and buyer entrust a third party—an authentic surveyor to give an official inspection on the quality, quantity and packing of the export or import goods, and to provide some authoritative certificate for the goods. This is called commodity inspection which is an indispensable part of international trade. It guarantees buyers the quality and quantity of the goods as required. It makes it possible that sellers get payment from the negotiating bank upon presentation of the certificates together with other shipping documents. Commodity inspection is also the basic evidence for solving future trade disputes.

The negotiation on commodity inspection should cover these issues: the institute of inspection, the standard of inspection, the expenses of inspection, the methods of inspection, the tolerance of inspection and the valid period of re-inspection etc.

Settlement on disputes (解决争议)

—Complaints and Claims (投诉与索赔)

In foreign trade, not every transaction ends with complaints and claim. In general, those transactions under which the importer does not receive goods of the kind, quality or quantity he expects, or the exporter does not receive the due payment lead to complaints and claims. Complaints may be made to the exporter, importer, insurance company or shipping company as the case may be.

Sometimes when the loss is not serious, the party suffered the loss may not lodge a claim for compensation. Instead he writes a letter or makes a phone call to attract the other party's attention to avoiding this matter happening again. Claims are usually raised by importers for great loss, for example: loss caused by non-delivery or delay of delivery, short weight or shortage of quantity, inferior quality and improper packing, breach of contract, etc. However, exporters may also raise claims against importers for non-establishment of L/C or breach of contract, etc.

In case the loss or damage is caused by perils covered by insurance policy, a claim is made to the insurance company. When the exporter and importer are involved in trouble, to settle the disputes it is advised that arbitration is better than litigation, and conciliation is better than arbitration. Of course, it is best to prevent the disputes at all by abiding by the Contract in all respect.

—Arbitration (仲裁)

Mediation, arbitration and litigation are three means to settle disputes in business negotiation. In foreign trade, if some disputes arise, we usually settle them through friendly consultation. We settle them directly through amicable negotiation. If both parties realize that is beneficial to both of them and agree to make concessions in the light of the concrete circumstances, they could certainly find a fair and equitable solution to the problems. However, sometimes, some of them are reluctant to make concessions when the stake involved is very big and some others are not so friendly and take antagonistic attitude during negotiation. Then arbitration becomes the very popular alternative to make a settlement for its' convenience and low cost.

Arbitration is different from amicable consultation. Arbitration is a means of settling a dispute between two parties through the medium of a third party whose decision on the dispute is final and binding. Generally, it's very necessary to include an arbitration clause in your contract. As a rule, the arbitration clause should specify the place of arbitration. This is of primary importance and a matter of great concern to either contracting party. The contract should also specify the number of arbitrators and their selection, how the cost of the arbitration is to be divided and, quite often, the scope of arbitration, in case the parties may wish to limit the scope to only certain parts of the contract or a specific aspect of a particular dispute. How is an arbitration tribunal decided? It is decided by both parties again through negotiation. There are two points here that we should pay attention to:

The first place is that the place for arbitration should be agreed upon and stipulated in the contract. The second is that we should try to insist on arbitration in China.

—The Usual Clauses in Arbitration（常规仲裁条款）

Any disputes arising from the execution of or in connection with this contract shall be settled amicably through friendly consultation. In case no settlement can be reached through consultation, the dispute shall be submitted to the Foreign Economic and Trade Arbitration Commission of the China Council for the Promotion of International Trade, Beijing for arbitration in accordance with its Provisional Rules of Procedure. The arbitral award is final and binding upon both parties."

For the arbitration in a third country, the clause says: "Any disputes arising from the execution of or in connection with this contract shall be settled amicably through friendly consultation. In case no settlement can be reached through consultation, the dispute shall be submitted to such and such an arbitral body in x x country for arbitration in accordance with its arbitration rules and procedure. The arbitral award is final and binding upon both parties."

3. 货物销售谈判的流程

The procedure of negotiation on sales of goods

There are four stages in the procedure of every business negotiation.

They are preparation, opening, bargaining and closing. In each stage there are different tasks for the negotiators. The following chart can give us a detailed introduction.

Process of negotiation on sales（销售谈判过程）

Stages	Tasks
Preparation	Collecting relevant information about the counterpart Forming the negotiation team Working out the documents—— product catalogue and negotiation plan which includes the objectives and strategies applied in the negotiation Making physical preparations——selecting the site, decorating the meeting room, arranging the board and accommodation etc.
Opening (initial face-to-face contact)	Greeting and Introduction Opening statement——the chief negotiator of each party will deliver a formal speech on this negotiation Exchanging ideas by PPT presentation Setting agenda
Bargaining (substantive discussion)	Discussion on quality and quantity Discussion on packing and shipping Discussion on price and payment Discussion on insurance and inspection Discussion on settling disputes
Closing (formation of a contract)	Working out the draft contract Checking the stipulations in the draft contract Signing the contract Drawing a conclusion on the negotiation

4. 常用的英语表达

—Greetings（问候）

Good morning, sir. What can I do for you?

Hello. Can/May I help you?

Hi. Is there anything I can do for you?

Hello. Anything I can do for you?

—Introduction（介绍）

We're one of the leading importers of sportswear in Canada.

We've been in this line of business for more than twenty years.

We're one of the leading distributors of watches and clocks in

Europe.

We are exporters/importers of machine tools.

We have been exporting silks for more than twenty years.

We are every experienced in the manufacture of machine tools.

—Inquiring business scope（经营业务问询）

What do you specialize in?

May I ask what line of business you're in?

May I know the main items you can supply? ?

I wonder if you can supply...

Could you tell me the main items you export?

—Inquiring customer's demand（顾客需求问询）

If the seller wants to know the customers' interest, they may ask:

Would / Could you tell me what items you are interested in?

Won't you have a look at the catalogues and see what interests you?

Would you like to have a look at our exhibits and see what may interest you?

What items do you think might have a chance in you market?

—Promotion（推销）

The seller usually promote their goods as the following:

It is well-received in many markets abroad.

This item has been received favorably in many parts of the world.

It enjoys great popularity.

It enjoys wide acceptance.

Chinese silks are well-known/famous/noted for their top quality.

This item is up to your standard.

This item is equally good in quality.

This item is even superior to Article A 43.

—Asking for product catalogue（询问产品目录）

When the buyer and the seller had an initial contact, they would talk as following:

May I have a copy of the catalogue?

Would you please give me a copy of the catalogue?

Could I keep the catalogue so that I can do a close study of your products?

Would you please leave me your catalogue?

—Asking for discount (询问折扣)

Do you allow any discount on this commodity?

What' the discount you usually allow if we place a large order?

How much discount can you give me if my order is over 8000 dozen?

You should give us some discount for such a large order.

Some discount on you price would make it easier to promote sales.

Some discount off your price would benefit both parties,

—Agree to discount (同意折扣)

As a rule we don' allow any discount, but considering you large order , we agree to give you a 2% discount as an exception

For the sake of our long-standing relationship, we are prepared to give a discount of 3%.

With an eye to our future business, we agree to grant you a 3% discount as a special accommodation

We will agree to give you a 3%discount if you can increase your order to 10000 dozen.

Because this is a new product, we will allow you a 2% discount to help promote sales.

—Refuse disount (拒绝折扣)

As a rule, we don't allow any discount.

The price we have given you is already very low. We can't give any discount.

Since your order is not large enough, we are unable to grant you a discount.

As we have quoted you our lowest/rock-bottom/floor price, we can not give you any discount.

—Making an offer (出价)

Making an offer or making an quoatation is a proposal made by the seller to the buyer. The contract can be worked out based on the offer agreed by both party. The offer usually includes the price, quality, quantity, packing, delivery and payment etc. There are confirmed offer and non-confirmed offer. The confirmed offer has the time validity and begin to take effect when buyer accept the conditions in required time period. The non-confirmed offer hasn't the time validity and the buyer is qualified to change the requirement even after the buyer accepted the offer. The seller has the final decision on the non-confirmed offer.

Here is our offer: 200 cases of Qingdao bristles, 57 mm, at US $ 15 per kilogram, CIF Melbourne, for shipment in June, 2000.

Here's our C. I. F. price. The price is given without engagement.

Here is our price list. All the prices in the list are subject to our final confirmation.

Our offer is CIF New York with a commission of 5% for you.

—Enquiry (询盘,询价)

Is it a firm/final offer ?

Is it a firm or an offer subject to your final confirmation ?

Is it a final offer or an offer without engagement ?

—Introduce the validity of an offer (报盘的有效期)

Our price is open for there days.

Our offer remains valid until the 10th of September.

Our price holds good until 5: 00 p. m. , the 15th of June.

Our offer is firm for a week from today.

We'll keep our offer open for two days.

—Inquire the validity of an offer（询问报盘有效期）

How long will you keep your offer open?

How long does your offer remain valid ?

How long does your offer hold good ?

—Renewing an offer（附样发盘）

Could you extend your offer for there days to June 8th ?

Could you please renew your offer for 2 days further ?

—The price is on the high side（你方价格偏高）

The price is much too high.

Your price is much higher than we were expecting to pay.

Your price is out of line with than current price.

Your price is much higher than we expected.

Your price is not so attractive as that offered by other suppliers.

Why, your price has soared . It's almost 25%higher than last year's.

I can tell you at a glance that your price is much too high.

—Asking for an counter-offer（询问还盘）

What's your proposal?

What do you think is a competitive price?

What's your idea of a reasonable price?

Could you give me your counter-offer?

—Persuade the buyer to accept the quoation（说明买方接受你方报价）

You will find our price highly competitive if you take quality into consideration.

Our price may be a litter higher, but we have the best quality .

We've already sold a lot of our products at this price .

Our price is more attractive as compared with that offered by other suppliers.

We have quoted you our lowest/rock-bottom price.

If it were not for the long-standing relationship between us, we would hardly make you a firm offer at this price.

—Persuade the seller to cut the price（说服卖方降价）

To conclude the transaction, I think you should reduce the price by at least 10%.

If you can consider reducing the price by 10%, I'll place an order for 10,000 dozen.

If you want to get the order, you'll have to lower the price.

To be frank with you, we have got quotations from other sources which are about 8% lower than yours.

If the order is a large one, how much will your price come down?

—Accept the price reduction（接受削价）

To help you push the sales, we'll agree to reduce our price by 8%.

In view of our good cooperation in the past, we accept your counter-offer.

To encourage future business, we'll make an exception and give you a 5%discount.

If your order is large enough, we're prepared to reduce the price by 5%.

For a good start to our business relationships, we'll give you a 5% reduction this time.

—Refuse the price reduction（拒绝削价）

We're selling at cost already .

That's more than we can promise.

This is really our rock-bottom price. We can't make any further reduction.

I'm afraid that there is no room to negotiate the price.

This is really our floor price. If you can't accept it, I'm afraid we have to call the deal off.

—Inquire the terms of payment (询问付款方式)

Could you tell me what mode/terms/method of payment you usually accept/use/adopt?

What's your usual practice about terms of payment?

How shall we pay for the order?

What mode of payment do you usually accept?

— Introduce the terms of payment (介绍付款方式)

Payment by L/C at sight is the only terms/mode we accept.

We always ask for an L/C for our exports.

We usually accept payment by confirmed and irrevocable.

Our normal payment terms is by sight L/C.

—Ask for favorable terms (buyer) (询问优惠条件)

Could you make an exception and accept D/P this time?

I hope you can adopt a more flexible mode of payment.

Since we're old friends/regular customers/long-standing buyers, I hope you would accept D/P for this transaction.

It would help us greatly if you would accept D/P.

In order to conclude the business, shall we meet each other halfway, say 50% by L/C and the balance by D/P?

For such a large amount, an L/C is costly. So could you accept or D/P?

—Refuse buyer's request (拒绝买方要求)

I'm afraid we must insist on payment by L/C . As a matter of fact, L/C protests the seller as well as the buyer.

I'm sorry we always require L/C for our exports, and the other way round, we also pay by L/C for our imports.

We are sorry that there is no room for negotiation on payment terms.

I'm afraid we are unable to grant your request, because the world monetary market is rather unstable at the moment.

We regret that we are unable to meet you request, as it is our usual practice to ask for sight L/C.

—Discussion on opening L/C（讨论信用证）

The time and validity of opening an L//C will be discussed after the buyer and the seller confirmed the payment terms.

The should be opened by the buyer 30 days before the time of delivery.

What is the validity period of the letters of credit?

We shall open a letters of credit in your favour to be settled in US dollars.

It will cause us a lot of trouble if you fail to open the credit in time.

How long should our L/C be valid, that is, when should we set the expiry date?

The L/C is valid for 15 days after the shipment date.

—Inquire the date of shipment（询问装船日期）

Shipment and delivery are different in definition but same in general practice of foreign trade, because the seller will arrange the shipment of the contract goodsand send the buyer bills of lading according to FOB, CIF CFR terms, which is called delivery. Therefore shipment means delivery quite often. If the buyer inquire the date of shipment, it can be as following:

How long does it take you to make delivery?

When is the earliest shipment you can make?

I wonder if you can make shipment in September.

Will it be possible for you to deliver the goods by the end of September?

Could you effect shipment in March?

—Buyer asks for early delivery（买家要求提前交货）

Could you deliver the goods earlier? Because we hope that they would arrive in time for the New Year rush.

Could you possibly make your delivery date not later than June?

Because September is the selling season for this product in our market.

I wonder if you could advance the shipment by one month as we need the goods badly.

We hope shipment will be made before the end of September, otherwise we'll not be able to catch the Christmas season.

—Reply to the buyer's request (答复买方要求)

I can promise you that delivery will be made not later than April.

The earliest delivery we can promise is in October, but we can assure you that we'll try our vest to advance the time of shipment.

I'm afraid June is the best we can do.

I'm sorry we can't promise delivery earlier than June, as nothing will be available until then.

We can make prompt shipment, but we are not sure whether we can obtain the necessary shipping space.

I'm afraid it's very difficult to improve any further on the time of shipment.

The best we can do is to deliver 50% by the end of June. The balance will be shipped in the middle of July.

—Ask for partial shipment (询问分批装运)

Do you allow partial shipment?

To make it easier for us to get the goods ready for shipment, we hope that partial shipment is allowed.

We can deliver 20% promptly. The remaining 80% will have to be spread over the next two months.

—Ask for transshipment (询问转运)

Since there is no direct steamer to your port from Shanghai, the goods have to be shipped to Hong Kong for transshipment.

Would you consider transshipment if there is no shipping space available?

Do you allow the goods to be transshipped at Hong Kong if we are unable to book the shipping space?

Since there is no direct vessel, we have to arrange combined transport by rail and sea.

—Buyer's request on packing（买方要求打包）

The packaging of products includes sales packaging (also known as inner packaging or small packaging, available package V. & N.) and transportation packaging (also known as outer packaging or large packaging). Attractive packing can promote sales, while good packing can reduce the damage of goods in transit, and it is also convenient for transportation, loading, unloading and storage. Therefore, guarantee is a transaction condition that cannot be ignored in business negotiation. In order to ensure the safety of the goods or promote the sale of the goods, the buyer will generally put forward some guarantee requirements, such as:

I wonder if you could pack the goods according to our design.

Could you accept orders to be packaged with our own material?

We hope the packing must be in line with local market preference.

Nowadays many consumer products are being sold through mail order houses, so we prefer small packing.

Consumer packages allow the commodity to be put directly onto the shelves of supermarkets or department stores.

I'm afraid that cartons are not strong enough for ocean transportation. Could you use wooden cases instead?

As to inner packing, it must catch the eye and help promote sales.

The goods must be packed in such a way that they can be well protected from dampness or rain.

In order to facilitate selling, it would be better to pack the goods with assorted colours / sizes.

Please see to it that the cartons are marked / stenciled "Fragile" and "Handle With Care".

The packing must be able to stand shock and rough handling.

We prefer small cartons of 30 cm × 60 cm with two or three dozen to one carton.

This is our design for packing. Could you possibly pass it on to the manufactures and ask them to design the packing according to our request?

—Seller's introduction to packing (卖方介绍包装情况)

Generally speaking, the sellers have their own special packing for their exports. When discussing packing, the sellers will take the initiative to introduce their existing packing. Such as:

Our packing is strong enough to withstand bumping and rough handling under normal conditions.

Our packing is to the taste of the European market and suitable for display in supermarkets.

As to inner packing, we use a polythene wrapper for each blouse, ready for window display.

As to inner packing, we put each silk scarf in a polybag and then put it in abeautifully-designed gift box.

You will find the beautiful design and bright colours are just to the American taste.

I think you will find our new packing beautiful and in line with customer expectations.

The cartons lined with foam-plastics are well protected against press/shockproof.

Each dress is packed in a polybag and they are packed five dozen to a carton.

I'm sure your customers will be satisfied with our new packing.

Each TV set is to be wrapped in a transparent plastic bag, and fixed with hard fermented plastic padding.

—Request on special packing (要求特殊包装)

If the buyers request for special packing, the sellers will try their best to meet the requirements. However, the extra charges arising shall be generally borne by the buyers. For example,

We'll pass your comments on packing on to the manufacturers.

We'll ask our manufacturers to have the goods packed according to your sample.

Please be assured that we'll pack the goods according to your instructions.

We'll use wooden cases if you insist, but the charge for packing will be considerably higher.

I'm afraid we'll have to charge more for the special packing as it calls for extra labour and expenses.

The price has already been calculated in such a way that we can't provide special packing free of charge.

Sometimes, the seller thinks the packing suggestion put forward by the buyer is not reasonable, for this reason, the buyer will try to persuade or explain patiently. Such as:

Your way of packing takes time and increase the cost of the goods.

Cardboard boxes are light and less expensive while wooden cases are clumsy and more expensive. Furthermore, they would slow down delivery.

—Buyer's inquiry on insurance（买方询问保险）

In the process of transportation and loading and unloading of internationally traded goods, the goods often suffer losses due to various disasters and accidents. In order to get compensation after suffering losses, the seller or the buyer need to deal with the transportation insurance of the goods according to different situations in advance. Since most of the goods in international trade are transported by sea, the insurance of goods transported by sea is particularly important. Marine insurance covers Marine cargo against free from Particular Average (FPA), WITH Particular Average (WPA) and all Risks. When getting insurance, we usually choose one of the three basic risks and then add the other necessary special risks according to the case of the goods. If the transaction is concluded on CIF basis, it is generally the seller's responsibility to insure the goods. When the buyer asks about the insurance, the following sentences can be used:

For marine insurance on garment, what risks do you cover ?

What coverage can you provide for my consignment/ the goods / this shipment ?

For this shipment, our client requests you to insure against All Risks and WarRisk .

Do you cover risks other than W. P. A . ?

What is the difference between W. P. A. and F. P. A. ?

What coverage will you take out for the goods if the business is concluded on a CIF basis ?

How do you fix the premium rates?

Do your underwriters offer you any premium rebate?

—Seller's introduction to insurance（卖方介绍保险）

Generally speaking, we insure W. P. A. on CIF sales.

For transactions concluded on a CIF basis, we usually effect insurance with the People's Insurance Company of China against All Risks.

We usually insure the goods against All Risks and War Risk for 110% of the invoice value.

Special risks are not covered unless the buyer asks for them and the extra premium will be for the buyer's account.

We generally insure our export shipments with PICC.

W. P. A. plus Risk of Breakage suits your consignment.

If you prefer to have CIF price instead of CFR price you need only to add 0. 3% to the quoted price to cover the insurance premium.

—Discussion on premium（讨论附加费）

Generally speaking, the SELLER's CIF quotation includes the PREMIUM for WPA for 110% of the invoice value. Should the Buyer apply for special additional risks other than W. P. A. , the additional premium incurred shall be for the Buyer's account. The seller may use the following sentences when explaining to the buyer:

If you want us to insure against a special risk, an extra premiumwillhave to be charged .

We may also insure the shipment against any additional risks if you desire, but the extra premium is to be borne by you .

If you wish to cover the goods against any additional risks, you should pay the extra premium.

Please note that our insurance coverage is for 110% of the invoice value only.

The premium for the difference between 110% and 130% of the invoice value should be borne by the buyer.

Usually the amount insured is 110% of the total invoice value. However, if a higher percentage is required, we may do so accordingly but you have to bear the extra premium.

—Buyer's request on commodity inspection（买方要求商品检验）

Sometimes the buyers will put forward their own views if they feel that the sellers terms and conditions regarding inspection are not reasonable.

To safeguard the rights and interests of both parties, we require that goods be inspected both at port of shipment and at port of destination.

We'll accept the goods only if the results from the two inspections are identical with each other.

Inspection of the goods shall be carried out strictly in accordance with the methods and standards stipulated in the contract。

Whose inspection certificates will be taken as final if we find shortages, defects or anything which is not in conformity with the contract ?

When the goods arrive at our port, we will ask a recognized surveyor to make open-package visual inspection

The seller should arrive at the buyer's installation site within the stipulated time for open-package visual inspection. Otherwise, the buyer has the right to apply to our inspection organization to carry out inspection independently。

Part III Simulated Negotiation（模拟谈判练习）

Firsthand experience is often necessary for personal growth.

亲身体验通常是成长所必需的。

——实践出真知（课程思政元素）

（1）根据开篇导入案例，学生组成谈判团队，按照班级人数，组成六个谈判团队，其中三个团队代表 XINDA 公司，三个代表 WILSON 公司

（2）团队成员内部展开讨论，拟定一份谈判方案交给教师。教师单独与学生小组指导，对方案进行调整。

（3）学生小组之间开展模拟谈判，教师挑选两个小组进行模拟谈判。模拟谈判时间大概 35 分钟，其他同学观摩后给出评分。

（4）教师给模拟谈判的学生录视频，收集学生评分，教师课后观看视频，填写模拟谈判评分表，汇总归纳评价意见，将视频和评价意见上传班级 Q 群，学生小组可以线上观看视频回放，直观感受模拟谈判的亮点和不足，线上分享观点。

Part IV 学生模拟谈判记录（Profile on Simulated Negotiation）

商务英语谈判实训成绩记录表（1）

专业 班级 时间

Negotiation on Sales of Goods	name	name	name	name	name	name
Preparation 20%	score	score	score	score	score	score
Form the team Collect information Work out some documents — company profile, negotiation plan and product catologue	Notes:					
Opening 20%	score	score	score	score	score	score
Greeting Opening statement PPT presentation Setting agenda	Notes:					

续表

Negotiation on Sales of Goods	name	name	name	name	name	name
Bargaining 40%	score	score	score	score	score	score
The product (quality, quantity and packing) The price of transaction The payment terms The delivery of goods The insurance and inspection Settling disputes	Notes:					
	score	score	score	score	score	score
	Notes:					
Closing 20%	score	score	score	score	score	score
Draw the contract Checking the contract Sign the contract	Notes:					
Total	score	score	score	score	score	score

Part V Homework（作业）

Situation: Martenson Consumer Goods manufacture electrical goods such as irons and food mixers. They are looking for a new supplier for some electronic components. They have received an offer from Graziola Electronics, which looks good on paper. The negotiating teams have not previously met but have spoken on the phone to arrange a meeting. The meeting takes place at Martenson's offices.

The customers（2）

You are Purchasing and Production Managers with Martenson Consumer Goods. It is your responsibility to find a suitable supplier of electronic components. You are hosting the meeting with Graziola Electronics where you will discuss their oder.

The suppliers（2）

You are Sales and Technical Support Representatives with Graziola Electronics. You have come to the meeting to discuss your proposal in more details.

Negotiation 1: Take roles in the above situation and practise the opening phase of a negotiation. Begin with the hosts welcoming the vistors. Make sure everyone is introduced to each other. Make some polite small talk, and then get down to business by formally opening negotiation.

Negotiation 2: Take roles in the above situation and continue the opening phase of a negotiation. Conduct the negotiation from opening speech, PPT presentation, setting agenda and exchange of ideas by Q&A.

Negotiation 3: Take roles in the above situation and move the negotiation to bargaining phase. Begin with the discussion on quality, quantity, packing, delivery, price, payment, insurance and commodity inspection etc. Make sure everyone has relevant duty and plays the role. Sign the memo if agreement is reached.

Negotiation 4: Take roles in the above situation and move the negotiation to closing phase. Begin the negotiation with checking the draft contract and sign the contract afterwards.

学生以小组为单位完成模拟谈判作业,上传模拟谈判视频到超星系统,教师观看后,在超星系统给出点评建议。

参考文献

[1]Deutsch, M. Cooperation and trust : Some theoretical notes. In M. R. Jones (Ed), Nebraska symposium on motivation, 275–319. Lincoln, 1962, 276, NE: University of Nebraska Press.

[2]Hocker, J. L. and Wilmot, W. W. *Interpersonal conflict* (2nd Ed.)[M]. Dubuque, IA: William C. Brown, 1985.

[3]Jeffrey Edmund Curry, MBA, Ph. D. *International Negotiation*[M]. 上海：上海外语教育出版社，2017.

[4]Robert March. *International Team Negotiation*[M]. 北京：对外经贸大学出版社，2009.

[5]Tomlinson, B. *Materials Development in Language Teaching*[M]. Cambridge: Cambridge University Press, 1998.

[6] 白远 . 国际商务谈判理论、案例分析与实践 [M]. 北京：中国人民大学出版社，2015.

[7] 窦然 . 国际商务谈判 [M]. 上海：复旦大学出版社，2007.

[8] 李晓娜，周原，周言姣 . 商务谈判实务 [M]. 济南：山东大学出版社，2018.

[9] 刘国光 . 任务驱动法在单片机教学中的应用 [J]. 教育研究学报，2004，27 (4): 74–75.

[10] 王蕊，李燕临 . 任务驱动法在电子技术课程教学中的应用 [J]. 西北成人教育学报，2008 (2): 63–64.

[11] 徐肇杰 . 任务驱动教学法与项目教学法之比较 [J]. 教育与职业，2008 (11): 36–37.

[12] 夏纪梅 . 现代外语课程设计理论与实践 [M]. 上海：上海外语教育出版社，2003.

[13] 高利芬，侯艳芳 .《国标》指导下商务英语谈判教材的评估 [J].

中国 ESP 研究，2020，21（4）：89–98.

[14] 咸修斌，唐文龙．关于商务英语教材建设的思考 [J]. 山东工商学院学报，2007，21（5）：112–115.

[15] 孙维林．商务英语专业国际商务谈判课程的几点思考 [J]. 黑河学刊，2011，（5）：90–91.

[16] 程晓堂．课程改革背景下英语课程资源的开发和使用：问题与建议 [J]. 课程·教材·教法，2019，39（3）：96–101.

[17] 邱思思．基于跨文化能力培养的《商务英语综合教程》评估 [D]. 广东外语外贸大学，2019.

[18] 赵灿．基于需求分析的商务英语教材评估——以《体验商务英语综合教材》为例 [D]. 北京第二外国语学院，2018.

[19] 王雪飞．以需求分析为基础的《国际贸易实务》课程教材分析与评估 [J]. 广东开放大学学报，2017，3（26）：25–29.

[20] 贾蕃．商务英语阅读教材评估的对比研究 [J]. 辽宁科技学院学报，2017，19（04）：62–65.

[21] 张弛．四本商务汉语写作教材对比研究 [D]. 广东外语外贸大学，2016.

[22] 朱红梅．近十年国内高校本科英语教材研究述评（2006—2015年）[J]. 重庆广播电视大学学报，2016，28（5）：30–37.

[23] 王立非，许德金．《全国商务英语专业四级考试大纲（试行）》：构念、要素与规范 [J]. 中国外语，2017，（2）：22–27.

[24] 张璐．商务英语专业谈判教材的对比评估 [J]. 现代职业教育，2016，（22）：120.

[25] 王立非，张斐瑞．商务英语谈判：国际研究现状分析及拓展（2004–2013）[J]. 外语教学，2014，35（4）：5–10.

[26] 张守刚．商务沟通与谈判 [M]. 北京：人民邮电出版社，2010.

[27] 黄静．跨文化商务交际英语 [M]. 上海：上海交通大学出版社，2015.